中等职业教育课程改革国家规划新教材配套用书

U0646263

数学

Mathematics

基础模块　　上册

学习指导与能力训练　　（第3版）

曹一鸣　程　旷/主编

分册主编/付　勇　　黄　平

编委成员/陈　宇　　吴少均　　钱琴梅

　　　　　刘　琴　　张皓菊　　胡　灵

　　　　　文　明　　张琳苹　　黎光英

　　　　　孙　君

zjfs.bnup.com | www.bnupg.com

北京师范大学出版集团
BEIJING NORMAL UNIVERSITY PUBLISHING GROUP
北京师范大学出版社

京师职教

图书在版编目（CIP）数据

数学学习指导与能力训练：基础模块．上册 / 付勇，黄平分册主编．—3 版．—北京：北京师范大学出版社，2018.8（2021.8 重印）

中等职业教育课程改革国家规划新教材：数学全国版 / 曹一鸣，程旷主编

ISBN 978-7-303-24124-8

Ⅰ.①数⋯ Ⅱ.①付⋯ ②黄⋯ Ⅲ.①数学课－中等专业学校－教学参考资料 Ⅳ.①G634.603

中国版本图书馆 CIP 数据核字（2018）第 191502 号

营 销 中 心 电 话　010-58802181　58805532
北师大出版社职业教育与教师教育分社网　http://zjfs.bnup.com
电 子 信 箱　zhijiao@bnupg.com

出版发行：北京师范大学出版社　www.bnup.com
　　　　　北京市西城区新街口外大街 12-3 号
　　　　　邮政编码：100088
印　　刷：北京玺诚印务有限公司
经　　销：全国新华书店
开　　本：787 mm×1092 mm　1/16
印　　张：10
字　　数：187 千字
版　　次：2018 年 8 月第 1 版
印　　次：2021 年 8 月第 8 次印刷
定　　价：18.00 元

策划编辑：庞海龙　　　　　责任编辑：马力敏
美术编辑：高　霞　　　　　装帧设计：高　霞
责任校对：陈　民　　　　　责任印制：陈　涛

致同学们

亲爱的同学们：

　　本书是与基础模块上册配套的学习指导与能力训练，是教材的重要组成部分．数学是理论性和实践性都很强的学科，必须通过一定量的练习，才能准确掌握知识，熟练运用知识，逐步提高解题能力，正如俗话所说"**熟能生巧**"．为了使同学们通过本书的学习、练习，取得好的效果，以下对本书的编写进行一些说明，并提出一些学习、练习建议，供同学们参考．

　　每一小节练习，都由知识要点、基础训练、拓展训练构成，在边页上设置了改错、反思栏．知识要点部分对本节的主要知识、方法进行了提炼和概括，做题前应先阅读、理解、记忆这部分内容，再去做题，这样才会比较顺利，才会事半功倍．教学中，我们发现：一些同学喜欢做题，而不太喜欢看书，希望同学们改变这种不好的学习习惯，应明白"**磨刀不误砍柴工**"的道理．基础训练部分的练习题体现了学习本节内容后应该掌握的基础知识和基本技能，是对所有同学的要求；拓展训练的题目，具有一定的综合性、灵活性，通过练习可以提高综合运用知识分析问题、解决问题的能力，这部分题目可供学有余力的同学和有升学愿望的同学选做，体现了因材施教、分层要求的原则．改错、反思是非常重要的学习环节，但在实际学习中不少同学缺少这个环节，一些同学尽管也做了很多练习，但没有改错，没有通过反思去总结解题规律，因而做题的效益较差，不能迁移，题目稍做变化，就无从下手．改错和反思既是好的学习方法，也是好的学习习惯．为此，我们在边页上特地设置了改错、反思栏，老师批改作业后，学生应把自己做错的题目改在旁边对应位置上，便于老师检查和自己对照复习，还应对一些典型题(特别是综合题)的解题思路、方法、步骤等进行总结、反思,并写在该题的对应位置旁边.这样长期坚持下去,不断积累经验,就会掌握解题规律,提高解题能力.

本书每一章后都安排了综合练习和检测题.综合练习体现了对全章的主要知识和能力的要求,通过练习起到复习巩固各小节知识、技能,提高综合运用全章知识的解题能力;检测题是对同学们的学习效果进行评估,主要用作自测,也可作为考试用(由任课老师确定).

A、B 两套期末检测题,相对于章节检测题,题量较多、覆盖面较广、综合性较强,有一定难度,应在对全书进行系统复习基础上使用.全书内容较多,A、B 两套题互相补充,共同覆盖全书的知识、能力要求.同时,两套题又各有侧重,检测题 A 侧重于检测同学们对基础知识和基本技能的掌握情况,检测题 B 侧重于检测同学们综合运用知识的解题能力的情况.

书后附有所有练习题的答案、提示、详解或略解,给同学们提供了开启思路,解题示范,核对答案的参考.着重指出的是,同学们在使用时,只能作为借鉴、参考,不能照抄、照搬,要发挥自己的主观能动性.具体来说,第一,要在自己做题后或思考后再去借鉴参考答案;第二,限于篇幅,参考答案的解答过程大都很简略,同学们实际做题的时候应把过程完善;第三,有些题的解题方法不止一种,也不一定是最优方法,同学们应勇于探索、勇于创新,不拘泥于参考答案的解法.

最后,希望同学们热爱数学学习、喜欢上做数学题,通过学习和练习,不仅使我们的数学素养得到提升,更重要的是"**数学是锻炼思维的体操**",通过学习数学、多做数学题,会使我们的思维得到训练,使我们的大脑变得更强大.愿同学们在学习数学的过程中去感受数学的魅力,在做数学题的过程中去体验思考、探索的乐趣!

编　者

2018 年 7 月

目 录

▶ 第 5 章　三角函数

▶ 答案或略解

第1章 · 集　合

§1.1　集合的概念

知识要点

1. 在一定范围内,由一些确定的对象所组成的整体叫做集合. 其中每个确定的对象叫做元素. a 是集合 A 的元素,记作 $a \in A$;a 不是集合 A 的元素,记作 $a \notin A$.

2. 集合中的元素具有确定性、互异性、无序性的特征.

3. 元素个数有限的集合称为有限集;元素个数无限的集合称为无限集;不含任何元素的集合称为空集,记作 $\varnothing$.

4. 常见的数集:自然数集记作 **N**,整数集记作 **Z**,正整数集记作 $\mathbf{N}^*$ 或 $\mathbf{N}_+$,有理数集记作 **Q**,实数集记作 **R**.

基础训练

一、选择题

1. 下列对象能够组成集合的是(　　).

　　A. 本班成绩较好的同学的全体　　B. 充分接近 π 的实数的全体

　　C. 倒数是自身的数的全体　　　　D. 优秀的中等职业学校的全体

2. 下列对象不能组成集合的是(　　).

　　A. 小于 10 的自然数

　　B. 与 0 接近的数

　　C. 班上所有的共青团员

　　D. 班级中获得市技能大赛奖项的同学

1

改错与反思

3. 下列说法正确的是( ).

    A. 单词 happy 的字母构成的集合有 5 个元素

    B. 集合{1，2，3，4，5}和{5，4，3，2，1}为不同的集合

    C. 方程 $x^2-3x+2=0$ 所有的实数解构成的集合的元素为 1 和 2

    D. 某班聪明的同学全体可以组成集合

4. 若集合 $M=\{a，b，c\}$ 中的三个元素分别是 $\triangle ABC$ 的三条边，则 $\triangle ABC$ 一定不是( ).

    A. 锐角三角形　　　　　　B. 直角三角形

    C. 钝角三角形　　　　　　D. 等腰三角形

二、填空题

5. 用符号"$\in$"或"$\notin$"填空.

(1)3.14 _____ **Q**，3.14 _____ **Z**，π _____ **Q**，π _____ **Z**；

(2)0 _____ **N**，0 _____ **N**，$2\sqrt{3}$ _____ **Q**，$2\sqrt{3}$ _____ **Z**.

6. 设集合 $A=\{x|x=4k+1，k\in\mathbf{Z}\}$，则 -1 _____ A(填"$\in$"或"$\notin$").

三、解答题

7. 判断下列对象能否组成集合，若能组成集合，判断其是有限集、无限集还是空集.

(1)方程 $x-5=0$ 的解集；

(2)绝对值小于 2 的所有整数；

(3)班上身高接近 1.8 m 的同学全体；

(4)不等式 $x^2+4<0$ 的解集.

8. 已知集合 $A=\{-2，1，3a\}$，且 $-3\in A$，求实数 a 的值.

拓展训练

已知集合 A 为方程 $ax^2-2x+1=0$ 的解集，a 为实数.

(1)若集合 A 是空集，求 a 的取值范围；

(2)若集合 A 中只含有一个元素，求 a 的取值范围.

§1.2 集合的表示法

知识要点

1. 列举法：把集合中的元素一一列举出来，写在大括号内，元素之间用逗号隔开，这种表示集合的方法叫做列举法.

2. 描述法：把集合中所有元素的共同特征描述出来表示集合的方法叫做描述法.

描述法的一般形式如下：

$$\{代表元素及取值范围 \mid 元素具有的共同特征\}.$$

基础训练

一、选择题

1. 集合 $A=\{x\in \mathbf{N}_+ \mid x<5\}$ 用列举法表示为(　　).

    A. $\{0,1,2,3,4\}$　　　　B. $\{0,1,2,3,4,5\}$

    C. $\{1,2,3,4\}$　　　　D. $\{1,2,3,4,5\}$

2. 下列集合是空集的是(　　).

    A. $\{0\}$　　　　B. $\{x\in \mathbf{R} \mid x^2+2=0\}$

    C. $\{\varnothing\}$　　　　D. $\{x\in \mathbf{R} \mid x^2+4>0\} \mid$

3. 已知集合 $M=\{(1,2)\}$，则下列关系成立的是(　　).

    A. $1\in M$　　　　B. $2\in M$

    C. $(1,2)\in M$　　　　D. $(2,1)\in M$

4. 集合 $A=\{x \mid x^2-x-6=0\}$ 用列举法表示为(　　).

    A. $\{-2,3\}$　　　　B. $\{(-2,3)\}$

    C. $\{(3,-2)\}$　　　　D. $\{2,-3\}$

二、填空题

5. 用符号"$\in$"或"$\notin$"填空.

(1)0 _____ $\varnothing$，0 _____ $\{0\}$，0 _____ $\{x \mid x^2=0\}$；

(2)-3 _____ $\{x \mid x^2+9=0\}$，$(-3,4)$ _____ $\{(x,y) \mid x^2+y^2=25\}$.

6. 所有偶数组成的集合用描述法表示为_____.

三、解答题

7. 分别用列举法和描述法表示下列各集合.

(1)方程 $x^2+7x+12=0$ 的解集；

(2)小于 15 的正整数组成的集合.

改错与反思

8. 用适当的方法表示下列集合.

(1)不等式 $-3 < x+1 \leqslant 5$ 的整数解组成的集合；

(2)大于 3 且小于 9 的实数组成的集合.

🍊 拓展训练

1. 已知集合 $A = \left\{ x \in \mathbf{Z} \left| \dfrac{8}{1+x} \in \mathbf{Z} \right. \right\}$，求集合 A.

2. 已知集合 $A = \{x \mid x^2 - ax + b = 0\}$，$B = \{x \mid x^2 + bx - a = 0\}$，且 $2 \in A$，$3 \in B$，求 a，b 的值.

§1.3 集合之间的关系

改错与反思

知识要点

1. 子集：对于两个集合 A，B，如果集合 A 中的任何一个元素都是集合 B 中的元素，那么集合 A 叫做集合 B 的子集，记作 $A \subseteq B$ 或 $B \supseteq A$.

2. 真子集：对于两个集合 A，B，如果集合 A 是集合 B 的子集，并且集合 B 中至少有一个元素不属于集合 A，则集合 A 叫做集合 B 的真子集，记作 $A \subsetneqq B$ 或 $B \supsetneqq A$.

3. 相等集合：对于两个集合 A，B，若集合 A 与集合 B 的元素是完全相同的，则称集合 A 与集合 B 相等，记作 $A = B$.

对相等集合有：
$$A = B \Leftrightarrow A \subseteq B \text{ 且 } B \subseteq A.$$

基础训练

一、选择题

1. 若集合 $A = \{a, b\}$，则下列关系式正确的是（   ）.

    A. $a \in A$ B. $a \notin A$ C. $a \subsetneqq A$ D. $a \supsetneqq A$

2. 下列关系表示正确的是（   ）.

    A. $\varnothing = \{0\}$ B. $\varnothing \subseteq \{0\}$ C. $\varnothing \supseteq \{0\}$ D. $\varnothing \in \{0\}$

3. 已知集合 $M = \{1, 2, 3, 4, 5\}$，则集合 M 的真子集个数为（   ）.

    A. 20   B. 21   C. 30   D. 31

4. 已知集合 $P = \{x \mid x^2 - 9 = 0\}$，非空集合 $Q = \{x \mid ax - 3 = 0\}$，若 $Q \subsetneqq P$，则 a 的值构成的集合为（   ）.

    A. $\{-1, 0\}$ B. $\{0, 1\}$

    C. $\{-1, 1\}$ D. $\{-1, 0, 1\}$

二、填空题

5. 用符号"$\in$、$\notin$、$\subsetneqq$、$\supsetneqq$、$=$"填空.

(1) $\mathbf{Z}$ _____ $\mathbf{Q}$；

(2) $\{x \mid -2 < x < 5\}$ _____ $\{x \mid 0 < x < 3\}$；

(3) $\{0\}$ _____ $\{x \mid x \geqslant 0\}$；

(4) $(-1, 2)$ _____ $\{(x, y) \mid x + y = 1\}$.

6. 下列集合表示：①2，4，6，8，10；②$[1, 4, 6, 8, 10]$；③$\{0, 4, 6, 8, 9, 10\}$；④$\{4, 6, 6, 9, 10\}$. 其中正确的是 _____.

三、解答题

7. 已知集合 $A=\{a,b,c,d\}$，请写出含元素 a 的 A 的所有子集.

8. 已知集合 $M=\{x\,|\,x\geqslant a\}$，$N=\{x\,|\,-2<x\leqslant 5\}$，$M\supseteq N$，求实数 a 的取值范围.

拓展训练

已知集合 $A=\{-1,3\}$，$B=\{x\,|\,ax^2-bx+3=0\}$，且 $A=B$，求 a，b 的值.

§1.4 集合的基本运算

1.4.1 交集

改错与反思

知识要点

1. 交集：设 A，B 是两个集合，由既属于集合 A 且又属于集合 B 的所有元素组成的集合叫做 A 与 B 的交集，记作 $A \cap B$.

数学表达式：
$$A \cap B = \{x \mid x \in A \text{ 且 } x \in B\}.$$

2. 交集的性质：

(1) $A \cap B = B \cap A$；

(2) $A \cap A = A$，$A \cap \varnothing = \varnothing$；

(3) $A \cap B \subseteq A$，$A \cap B \subseteq B$；

(4) 若 $A \subseteq B$，则 $A \cap B = A$.

基础训练

一、选择题

1. 已知集合 $A = \{a, b\}$，$B = \{b, c\}$，则 $A \cap B$ 等于（　　）.

　A. $\varnothing$　　　　　B. $\{a\}$　　　　　C. $\{b\}$　　　　　D. $\{c\}$

2. 已知集合 $A = \{-1, 0, 1, 2, 3, 4\}$，$B = \{x \mid x \geqslant 2\}$，则 $A \cap B$ 等于（　　）.

　A. $\{-1, 0, 1\}$　　　　　　　B. $\{0, 1, 2\}$

　C. $\{1, 2, 3\}$　　　　　　　　D. $\{2, 3, 4\}$

3. 已知集合 $M = \{x \mid x > 2\}$，$N = \{x \mid -3 < x \leqslant 5\}$，则 $M \cap N$ 等于（　　）.

　A. $\{x \mid -3 < x < 2\}$　　　　B. $\{x \mid 2 < x \leqslant 5\}$

　C. $\{x \mid x > 5\}$　　　　　　　D. $\{x \mid x \leqslant 2\}$

4. 已知集合 $P = \{(x, y) \mid x + y = 4\}$，$Q = \{(x, y) \mid 3x - y = 4\}$，则 $Q \cap P$ 等于（　　）.

　A. $\{(1, 3)\}$　　　　　　　　B. $\{2, 2\}$

　C. $\{(2, 2)\}$　　　　　　　　D. $\{(3, 1)\}$

二、填空题

5. 已知集合 $A = \{-1, 2, 3\}$，$B = \{-1, 0, 4\}$，则 $A \cap B =$ _____.

6. 已知集合 $A = \{x \mid -1 \leqslant x < 2\}$，$B = \{x \mid 0 \leqslant x < 5\}$，则 $A \cap B =$ _____.

三、解答题

7. 已知集合 $A=\{6,8,9\}$，$B=\{1,3,7,8,9\}$，$C=\{2,6,8,9\}$，求：
(1)$A\cap C$，$B\cap C$；　　　　　　(2)$A\cap B\cap C$.

8. 已知集合 $M=\{x\,|\,x\geqslant 0\}$，$N=\{x\,|\,x^2-x-2=0\}$，求 $M\cap N$.

拓展训练

已知集合 $A=\{1,3,a\}$，$B=\{1,a^2-a+1\}$，且 $A\cap B=B$，求实数 a 的值.

1.4.2　并集

知识要点

1. 并集：设 A，B 是两个集合，由属于 A 或者属于 B 的所有元素组成的集合叫做集合 A 与集合 B 的并集，记作 $A \cup B$.

数学表达式：
$$A \cup B = \{x \mid x \in A \text{ 或} \in B\}.$$

2. 并集的性质：

(1) $A \cup B = B \cup A$；　　　　　　(2) $A \cup A = A$，$A \cup \varnothing = A$；

(3) $A \subseteq A \cup B$，$B \subseteq A \cup B$；　　(4) 若 $B \subseteq A$，则 $A \cup B = A$.

基础训练

一、选择题

1. 已知集合 $A = \{0，1，2，4\}$，$B = \{4，5，6\}$，则 $A \cup B$ 等于(　　).

  A. $\{0，1，2，3，4\}$　　　　　B. $\{0，1，2，3，4，5\}$

  C. $\{4\}$　　　　　　　　　　D. $\{0，1，2，4，5，6\}$

2. 已知集合 $A = \{x \mid 1 < x \leqslant 5\}$，$B = \{x \mid x \geqslant 3\}$，则 $A \cup B$ 等于(　　).

  A. $\{x \mid x \leqslant 5\}$　　　　　　B. $\{x \mid 1 < x \leqslant 5\}$

  C. $\{x \mid x < 1\}$　　　　　　　D. $\{x \mid x > 1\}$

3. 已知集合 $M = \{x \mid -1 < x \leqslant 2\}$，$N = \{x \mid 0 < x \leqslant 5\}$，则 $M \cup N$ 等于(　　).

  A. $\{x \mid -1 < x < 0\}$　　　　B. $\{x \mid -1 < x \leqslant 5\}$

  C. $\{x \mid x \leqslant 5\}$　　　　　　D. $\{x \mid x > -1\}$

4. 已知集合 $P = \{1，2，|a|\}$，$Q = \{3，a^2\}$，$Q \cap P = \{3\}$，则 $Q \cup P$ 等于(　　).

  A. $\{1，2，3\}$　　　　　　　B. $\{-3，1，2，3\}$

  C. $\{1，2，3，9\}$　　　　　　D. $\{-3，1，2，3，9\}$

二、填空题

5. 已知集合 $A = \{x \mid x < 5，x \in \mathbf{N}\}$，$B = \{3，5，6\}$，则 $A \cup B =$ _____.

6. 已知集合 $A = \{0\}$，$B = \{0，1\}$，$C = \{-1，0，1\}$，则 $(A \cup B) \cap C =$ _____.

三、解答题

7. 已知集合 $A=\{2,5,7\}$，$B=\{1,3,4,5,9\}$，$C=\{2,6,8,9\}$，求：

(1) $A\cup C$，$B\cup C$；

(2) $(A\cap B)\cup C$.

8. 已知集合 $M=\{x\,|\,-3\leqslant x<0\}$，$N=\{x\,|\,-1\leqslant x<5\}$，求 $M\cap N$，$M\cup N$.

拓展训练

已知集合 $A=\{x\,|\,x\geqslant a\}$，$B=\{x\,|\,-1<x\leqslant 4\}$，若 $A\cup B=A$，求实数 a 的取值范围.

1.4.3 全集和补集

改错与反思

知识要点

1. 全集：如果一个集合含有我们研究问题中的全部元素，那么这个集合叫做全集，常用符号 U 表示.

2. 补集：设 U 是全集，A 是 U 的一个子集，则由 U 中所有不属于 A 的元素组成的集合叫做子集 A 在全集 U 中的补集，记作 $\complement_U A$.

数学表达式：

$$\complement_U A = \{x \mid x \in U \text{ 且 } x \notin A\}.$$

3. 补集的性质：

$A \bigcup (\complement_U A) = U$；$A \bigcap (\complement_U A) = \varnothing$；$\complement_U (\complement_U A) = A$.

基础训练

一、选择题

1. 设全集 $U = \{1, 2, 3, 4, 5, 6\}$，$A = \{2, 4\}$，则 $\complement_U A$ 等于( ).

    A. $\{1, 2, 3\}$ B. $\{1, 3, 5, 6\}$

    C. $\{4, 5, 6\}$ D. $\{1, 3, 4, 5, 6\}$

2. 设全集为 $U = \mathbf{R}$，$A = \{x \mid 1 < x \leqslant 5\}$，则 $\complement_U A$ 等于( ).

    A. $\{x \mid x \leqslant 1\}$ B. $\{x \mid 1 \leqslant x < 5\}$

    C. $\{x \mid x \leqslant 1 \text{ 或 } x > 5\}$ D. $\{x \mid x > 5\}$

3. 设全集 $U = \{x \in \mathbf{Z} \mid |x| \leqslant 3\}$，$M = \{0, 1, 2\}$，则 $\complement_U M$ 等于( ).

    A. $\{-3, -2, -1\}$ B. $\{1, 2, 3\}$

    C. $\{0, 1, 2, 3\}$ D. $\{-3, -2, -1, 3\}$

4. 设全集为 $U = \mathbf{R}$，$P = \{x \mid -1 < x \leqslant 2\}$，$Q = \{x \mid 0 \leqslant x < 5\}$，则 $(\complement_U P) \bigcap Q$ 等于( ).

    A. $\{x \mid 2 < x < 5\}$ B. $\{x \mid 2 \leqslant x < 5\}$

    C. $\{x \mid -1 < x \leqslant 0\}$ D. $\{x \mid x \leqslant -1\}$

二、填空题

5. 设全集 $U = \{1, 2, 3, 4, 5, 6\}$，$\complement_U A = \{3, 5\}$，则 $A = $ _____.

6. 设全集为 $U = \mathbf{R}$，$M = \{x \mid -3 \leqslant x < 1\}$，$N = \{x \mid -1 < x \leqslant 4\}$，则 $\complement_U (M \bigcup N)$ _____.

改错与反思

三、解答题

7. 设全集 $U=\{x\mid x\in \mathbf{N}\mid x\leqslant 9\}$，$A=\{1，3，4，5，9\}$，$B=\{2，6，8，9\}$，求

(1) $\complement_U A$，$\complement_U B$；　　　　　　(2) $\complement_U(A\cap B)$，$\complement_U(A\cup B)$.

8. 设全集 $U=\{x\mid -4\leqslant x\leqslant 6\}$，$A=\{x\mid -2<x\leqslant 3\}$，$B=\{x\mid 3\leqslant x<5\}$，求 $A\cap B$，$A\cup B$，$\complement_U(A\cap B)$，$\complement_U(A\cup B)$.

拓展训练

设全集 $U=\{x\in \mathbf{N}_+\mid x\leqslant 10\}$，$A\cap B=\{4，5\}$，$A\cap(\complement_U B)=\{1，2，3\}$，$\complement_U(A\cup B)=\{6，7，8\}$，求集合 A 和 B.

§1.5 充分条件与必要条件

充分条件与必要条件(1)

知识要点

1. 如果 $p \Rightarrow q$，那么就说 p 是 q 的充分条件，q 是 p 的必要条件.

2. 如果 $p \nRightarrow q$，那么就说 p 不是 q 的充分条件，q 不是 p 的必要条件.

基础训练

一、选择题

1. 下列描述中正确的是（   ）.

    A. $|x|=1 \Rightarrow x=1$ B. $x=2 \Rightarrow x^2-4=0$

    C. $x^2-4=0 \Rightarrow x=-2$ D. $x=1 \nRightarrow |x|=1$

2. 关于命题 p："x 是有理数"与命题 q："x 是整数"之间的关系，下列描述正确的是（   ）.

    A. $p \Rightarrow q$ B. p 是 q 的充分条件

    C. $q \Rightarrow p$ D. q 是 p 的必要条件

3. 下列描述中正确的是（   ）.

    A. $x>1 \Rightarrow x^2>1$ B. $x>y \Rightarrow x^2>y^2$

    C. $x>1 \nRightarrow x^2>1$ D. $x>y \nRightarrow x^3>y^3$

4. 下列命题中不正确的是（   ）.

    A. "x 是自然数"是"x 是实数"的充分条件

    B. "x 是 2 的倍数"是"x 是 4 的倍数"的必要条件

    C. "$x=4$"是"$x^2-16=0$"的必要条件

    D. "$x^2-3x+2=0$"是"$x=2$"的必要条件

二、填空题

5. 用符号"$\Rightarrow$"或"$\nRightarrow$"填空.

$x \in A$ 或 $x \in B$ _____ $x \in A \bigcap B$.

6. 命题"x 是整数"是命题"x 是自然数"的_____条件.（用"充分"或"必要"填空）

三、解答题

7. 指出下列命题中，哪些 $p \Rightarrow q$，哪些 $p \nRightarrow q$，哪些 $q \Rightarrow p$，哪些 $q \nRightarrow p$.

（1）p：两个角是对顶角，q：两个角相等；

（2）p：函数 $y = x^2$，q：函数是二次函数.

改错与反思

8. 指出下列各组命题中，p 是 q 的什么条件，q 是 p 的什么条件.

（1）p：四边形是矩形，q：四边形的对角线互相平分；

（2）p：四边形的对角线互相平分，q：四边形是正方形.

拓展训练

已知命题 p：两个三角形全等，q：两个三角形相似，请问：命题 p 是 q 的什么条件？

充分条件与必要条件(2)

改错与反思

知识要点

充要条件：若 $p \Leftrightarrow q$，则 p 是 q 的充分必要条件，简称充要条件；同时，q 也是 p 的充要条件.

基础训练

一、选择题

1. 已知条件 p：$A \subseteq B$，q：$A \cup B = B$，则 p 是 q 的（　　）.

A. 充分不必要条件　　　　　　B. 必要不充分条件

C. 充要条件　　　　　　　　　D. 既不充分也不必要条件

2. 已知命题 p：$x+y = -2$；q：x 和 y 都等于 -1，则 p 是 q 的（　　）.

A. 充分不必要条件　　　　　　B. 必要不充分条件

C. 充要条件　　　　　　　　　D. 既不充分也不必要条件

3. 命题"关于 x 的方程 $ax^2 + bx + c = 0 (a \neq 0)$ 有实根"是命题"$b^2 - 4ac > 0 (a \neq 0)$"的（　　）.

A. 充分不必要条件　　　　　　B. 必要不充分条件

C. 充要条件　　　　　　　　　D. 既不充分也不必要条件

4. 已知下列四组命题：

①p：$a \in \mathbf{Q}$，q：$a \in \mathbf{R}$；②p：$x-1 > 0$，q：$x^2 - 1 > 0$；

③p：$a = 2$，q：$a^2 = 4$；④p：$(x+1)(x-3) = 0$，q：$x = -1$.

其中 p 是 q 的充分不必要条件的有（　　）.

A. 1 组　　　　B. 2 组　　　　C. 3 组　　　　D. 4 组

二、填空题

5. "$a > 3$，且 $b > 3$"是"$a+b > 6$，且 $ab > 9$"的_____条件.（用"充分不必要""必要不充分""充要""既不充分也不必要"填空）

6. "$x^2 + 2x + 1 = 0$"是"$x = -1$"的_____条件.（用"充分不必要""必要不充分""充要""既不充分也不必要"填空）

三、解答题

7. 指出下列命题中，p 是 q 的什么条件.

(1)p：$a+b$ 是偶数，q：a 和 b 都是奇数；

(2)p：一个整数的末位数字是 5 或 0，q：一个整数能被 5 整除；

(3)p：一个整数各个数位上的数字之和是 3 的倍数，q：一个整数能被 3 整除.

改错与反思

8. 写出下列命题的一个等价命题.

(1) $\triangle ABC$ 为等边三角形;

(2) $(a+2)^2+(b-1)^2=0$.

拓展训练

举例说明:(1) p 是 q 的充分条件;(2) p 是 q 的必要条件;(3) p 是 q 的充要条件.

第 1 章综合练习

改错与反思

一、选择题

1. 集合$\{1，2，3\}$的真子集的个数是( ).

    A. 8   B. 7   C. 16   D. 15

2. 已知全集 $U=\{x\,|\,x\leqslant 8$ 且 $x\in \mathbf{N}\}$，集合 $A=\{1，3，5，7\}$，则 $\complement_U A$ 等于( ).

    A. $\{2，4，6，8\}$ B. $\{4，6，8\}$

    C. $\{0，2，4，6，8\}$ D. $\{0，1，2，3，4，5，6，7，8\}$

3. 已知集合 $A=\{x\,|\,x>-1\}$，$B=\{x\,|\,x\leqslant 2\}$，则 $A\cap B$ 等于( ).

    A. $\{x\,|\,x>-1\}$ B. $\{x\,|-1<x\leqslant 2\}$

    C. $\{x\,|-1<x<2\}$ D. $\mathbf{R}$

4. "$a=0$" 是 "$ab=0$" 的( )条件.

    A. 充分不必要   B. 必要不充分

    C. 充要   D. 既不充分也不必要

二、填空题

5. 已知集合 $A=\{-1，-2，-3\}$，$B=\{-1，-3，-5\}$，则 $A\cap B=$ _____.

6. 设全集 $U=\{x\,|\,x\in \mathbf{N}^*$，且 $x\leqslant 6\}$，集合 $A=\{2，4\}$，$B=\{1，2，3\}$，则 $A\cup(\complement_U B)=$ _____.

7. 下列表示：① $\varnothing\notin\{0\}$；② $\{2\}\subsetneqq\{x\,|\,(x-2)(x+3)=0\}$；③ $\varnothing=\{x\,|\,x^2=-1\}$；④ $\{2\}\in\{2，3，4\}$. 其中正确的有 _____(填序号).

三、解答题

8. 用适当的方法表示下列集合.

(1)不大于 10 的自然数；

改错与反思

（2）方程组 $\begin{cases} x-y=0, \\ 2x+y=3 \end{cases}$ 的解集.

9. 已知全集 $U=\mathbf{R}$，集合 $A=\{x\,|\,1<x<4\}$，$B=\{x\,|\,x>3\}$，求 $A\cap B$，$A\cup B$，$(\complement_U A)\cap(\complement_U B)$.

10. 已知集合 $A=\{4,\ 2x-1\}$，$B=\{4,\ 1\}$，若 $9\in A\cup B$，求 x，A.

第 1 章检测题

（时间：40 分钟）

一、选择题（每小题 8 分，共 32 分）

1. 已知全集 $U=\{1，2，3，4，5\}$，$A=\{2，4\}$，则 $\complement_U A$ 等于（   ）.

    A. $[1，3，5]$ B. $\{2，4\}$

    C. $\{1，3，5\}$ D. $\{1，2，3，4，5\}$

2. 已知集合 $A=\{-2，-1，0\}$，$B=\{0，1，2\}$，则 $A\bigcup B$ 的元素个数为（   ）.

    A. 1   B. 3   C. 5   D. 6

3. 方程 $(x+1)(x-2)(x-3)=0$ 的解集下列表示中，不正确的是（   ）.

    A. $\{-1，2，3\}$ B. $\{3，-1，2\}$

    C. $\{x\mid(x+1)(x-2)(x-3)=0\}$ D. $\{(-1，2，3)\}$

4. 命题" $x^2-9=0$ "是命题" $x=3$ "的（   ）.

    A. 充分不必要条件   B. 必要不充分条件

    C. 充要条件   D. 既不充分也不必要条件

二、填空题（每小题 8 分，共 24 分）

5. 已知集合 $A=\{1，2，3\}$，$B=\{1，3，5\}$，则 $A\bigcap B=$_____.

6. "能被 9 整除的数"组成的集合可表示为_____.

7. 已知全集 $U=\mathbf{R}$，集合 $M=\{x\mid x\geqslant1\}$，$N=\{x\mid x<-1\}$，则 $\complement_U(M\bigcap N)=$_____.

三、解答题（每小题 11 分，共 44 分）

8. 设全集 $U=\{x\in\mathbf{N}_+\mid x\leqslant8\}$，$A=\{2，4，8\}$，$A\bigcap B=\{4\}$. 求：

  (1) $\complement_U A$；   (2) $\complement_U(A\bigcap B)$.

9. 已知集合 $A=\{x\,|\,x\geqslant 0\}$，$B=\{x\,|\,x>3\}$，求 $A\cup B$.

10. 已知集合 $A=\{(x,\ y)\,|\,2x+3y=12\}$，$B=\{(x,\ y)\,|\,x-y=1\}$，求 $A\cap B$.

11. 设集合 $A=\{x\,|\,x^2-2x-3=0\}$，$B=\{x\,|\,x-a=0\}$. 若 $B\subseteq A$，求实数 a 的值.

第2章 • 不等式

§2.1 不等式的基本性质

知识要点

1. $a-b>0\Leftrightarrow a>b$；$a-b=0\Leftrightarrow a=b$；$a-b<0\Leftrightarrow a<b$.

2. (1)如果 $a>b$，$b>c$，那么 $a>c$；

   (2)如果 $a>b$，那么 $a+c>b+c$；

   (3)如果 $a>b$，$c>0$，那么 $ac>bc$；

   (4)如果 $a>b$，$c<0$，那么 $ac<bc$.

3. (1)$a>b$，$c>d\Rightarrow a+c>b+d$；(2)$a>b>0$，$c>d>0\Rightarrow ac>bd$.

基础训练

一、选择题

1. 如果 $a>b$，且 $ac<bc$，那么应有（　　）.

   A. $c>0$　　　　　　B. $c<0$　　　　　　C. $c=0$　　　　　　D. $c\geqslant0$

2. 下列不等式：①$m-2>m-3$；②$4-m>2-m$；③$2+m>2-m$；
④$3m>2m$，其中正确的有（　　）.

   A. 1个　　　　　　B. 2个　　　　　　C. 3个　　　　　　D. 4个

3. 若 $b>a>0$，则下列各式中正确的是（　　）.

   A. $b>\dfrac{a+b}{2}>\sqrt{ab}>a$　　　　　　B. $a>\dfrac{a+b}{2}>b>\sqrt{ab}$

   C. $b>\dfrac{a+b}{2}>a>\sqrt{ab}$　　　　　　D. $a>\dfrac{a+b}{2}>\sqrt{ab}>b$

4. 若 $a < b < 0$，则下列不等式中不成立的是(　　).

A. $|a| > |b|$

B. $\dfrac{1}{a} > \dfrac{1}{b}$

C. $\dfrac{1}{a-b} > \dfrac{1}{a}$

D. $a^2 > b^2$

二、填空题

5. 比较下列各对实数的大小.

(1) $\dfrac{4}{5}$ _____ $\dfrac{3}{4}$；

(2) $-\dfrac{\pi}{3}$ _____ $-\dfrac{\pi}{5}$.

6. 选用"<"或">"填空.

(1) 若 $a < 0$，则 $-6a$ _____ $-5a$；

(2) 若 $a < b < 0$，则 a^2 _____ b^2.

三、解答题

7. 比较实数 $(x-4)(x+3)$ 与 $(x-6)(x+5)$ 的大小.

8. 设 $a = x^2 - 2x + 1$，$b = x^2 - 6x + 9$，且 $x > 3$，比较 $\sqrt{a}$ 与 $\sqrt{b}$ 的大小.

拓展训练

若 $b < a < 0$，$m < 0$，比较 $\dfrac{a}{b}$ 与 $\dfrac{a+m}{b+m}$ 的大小.

§2.2 区间的概念

改错与反思

⏱ **知识要点**

1. 区间：由数轴上两点间的一切实数所组成的集合叫做区间.

2. 设 a，b 是任意实数，且 $a<b$，则集合表示的区间如下表.

集合	数轴表示	区间表示
$\{x \mid a<x<b\}$		$(a，b)$
$\{x \mid a\leqslant x\leqslant b\}$		$[a，b]$
$\{x \mid a<x\leqslant b\}$		$(a，b]$
$\{x \mid a\leqslant x<b\}$		$[a，b)$
$\{x \mid x<b\}$		$(-\infty，b)$
$\{x \mid x\leqslant b\}$		$(-\infty，b]$
$\{x \mid x>a\}$		$(a，+\infty)$
$\{x \mid x\geqslant a\}$		$[a，+\infty)$
R	整个数轴	$(-\infty，+\infty)$

📖 **基础训练**

一、选择题

1. 集合 $\{x \mid -3\leqslant x\leqslant 5\}$ 用区间表示为（　　）.

   A. $(-3，5]$ B. $[-3，5]$ C. $[-3，5)$ D. $(-3，5)$

2. 不等式 $\dfrac{2x+1}{3}>1-\dfrac{1-x}{2}$ 的解集为（　　）.

   A. $(-\infty，1]$ B. $(-\infty，1)$ C. $(1，+\infty)$ D. $[1，+\infty)$

3. 不等式组 $\begin{cases} x-1<3, \\ 2-x\geqslant 4 \end{cases}$ 的解集为（　　）.

   A. $(-\infty，-2]$ B. $(-\infty，4)$

   C. $[-2，4)$ D. $[-2，+\infty)$

4. 不等式组 $\begin{cases} \dfrac{x-2}{3}<\dfrac{x+1}{2}, \\ x+3<-2(x-6) \end{cases}$ 的解集为（　　）.

   A. $(-\infty，-7)$ B. $(-\infty，-7)\bigcup(3，+\infty)$

   C. $(-7，3)$ D. $(3，+\infty)$

二、填空题

5. 用区间表示不等式 $3-2x>1$ 的解集为 _____.

6. $(-2, 1]$ _____ $[-3, 2)$，$(-\infty, 4)$ _____ $(0, 1]$.（用符号"$\subseteq$""$\supseteq$""$=$""$\neq$"填空）

三、解答题

7. 设全集为 **R**，集合 $A=[-3, 5)$，$B=(-5, 3]$，用区间表示下列集合.

(1)$A\cap B$;　(2)$A\cup B$;　(3)$\complement_{\mathbf{R}}A$;　(4)$(\complement_{\mathbf{R}}A)\cap B$.

8. 求不等式组 $\begin{cases} 2(x-3)<3x-2, \\ \dfrac{x-1}{2}\leqslant 4-\dfrac{2x+3}{3} \end{cases}$ 的解集并用区间表示.

已知 $[3, 5]\subseteq[1, a]$，求 a 的取值范围，并用区间表示.

§2.3 一元二次不等式

2.3.1 复习准备

知识要点

1. 解一元二次方程的常用方法：直接开平方法、因式分解法、求根公式法.

2. 一元二次方程 $ax^2+bx+c=0(a\neq0)$ 的根的判别式为 $\Delta=b^2-4ac$.

(1)$\Delta>0\Leftrightarrow$方程有两个不相等的实数解；

(2)$\Delta=0\Leftrightarrow$方程有两个相等的实数解；

(3)$\Delta<0\Leftrightarrow$方程无实数解.

3. 一元二次方程 $ax^2+bx+c=0(a\neq0)$ 的求根公式为 $x=\dfrac{-b\pm\sqrt{b^2-4ac}}{2a}$.

基础训练

一、选择题

1. 方程 $x^2-2x=0$ 的解为(   ).

A. 2   B. 0   C. 0 或 2   D. -2

2. 一元二次方程的两个根为 $x_1=1$，$x_2=2$，则这个方程可以为(   ).

A. $x^2+3x-2=0$ B. $x^2-3x+2=0$

C. $x^2-2x+3=0$ D. $x^2+3x+2=0$

3. 关于 x 的一元二次方程 $2x^2+kx-8=0$ 有一个实数根为 2，则它的另一个根为(   ).

A. -2 B. 0   C. 1   D. 2

4. 关于 x 的一元二次方程 $x^2-(2k-1)x+k^2=0$ 有两个不相等的实数根，则 k 的最大整数值是(   ).

A. -2 B. -1 C. 0   D. 1

二、填空题

5. 方程 $(x+3)^2-16=0$ 的解为_____.

6. 若关于 x 的一元二次方程 $kx^2+3x-1=0$ 有实数根，则 k 的取值范围是_____.

改错与反思

三、解答题

7. 解下列一元二次方程.

(1) $x^2 - x - 6 = 0$；　　　　　　　　　　(2) $2x^2 - x - 1 = 0$.

8. 已知二次函数 $y = -\dfrac{1}{2}(x+1)^2 - 1$，$y = -x^2 + 30x$.

(1) 指出它们图像的开口方向、对称轴和顶点坐标，并画出它们的图像.

(2) 当 x 分别取何值时，y 取最值?

(3) 观察图像，指出 x 分别为何值时，$y \leqslant 0$，$y > 0$?

拓展训练

已知关于 x 的方程 $x^2 - 2(a+1)x + a^2 = 0$，当 a 为何值时，

(1) 方程有两个不相等的实数根；

(2) 方程有两个相等的实数根；

(3) 方程没有实数根.

2.3.2 一元二次不等式

改错与反思

知识要点

解 $ax^2+bx+c>0(\geqslant0)$ 或 $ax^2+bx+c<0(\leqslant0)(a\neq0)$ 的步骤：

1. 将二次项系数化为正数.

2. 解方程：$ax^2+bx+c=0$.

(1)若 $\Delta\geqslant0$，则求出方程 $ax^2+bx+c=0$ 的根，根据口诀"小于取中间，大于取两边"写出不等式的解集；

(2)若 $\Delta<0$，则 $ax^2+bx+c>0(\geqslant0)$ 的解集是 **R**，$ax^2+bx+c<0(\leqslant0)$ 的解集是 $\varnothing$.

基础训练

一、选择题

1. 不等式 $4x-x^2<-5$ 的解集是( ).

    A. $(-1,5)$ B. $(-\infty,-1)\cup(5,+\infty)$

    C. $(-5,1)$ D. $(-\infty,-5)\cup(1,+\infty)$

2. 函数 $y=\sqrt{6-x-x^2}$ 的定义域是( ).

    A. $(-2,3)$ B. $(-\infty,-2]\cup[3,+\infty)$

    C. $[-3,2]$ D. $(-\infty,-3)\cup(2,+\infty)$

3. 不等式 $\dfrac{x+2}{x-3}\geqslant0$ 的解集是( ).

    A. $[-2,3]$ B. $(-\infty,-2]\cup[3,+\infty)$

    C. $[-2,3)$ D. $(-\infty,-2]\cup(3,+\infty)$

4. 已知集合 $A=\{x\mid3x^2+x-4\geqslant0\}$，$B=\{x\mid x^2<4\}$，则 $A\cap B$ 等于( ).

    A. $\left(-\infty,-\dfrac{4}{3}\right]\cup[1,+\infty)$ B. $\left(-2,-\dfrac{4}{3}\right]\cup[1,2)$

    C. $(-2,2)$ D. $(-\infty,-2]\cup[1,+\infty)$

二、填空题

5. 方程 $x(x-2)=15$ 的解是_____，不等式 $x(x-2)\geqslant15$ 的解集是_____.

6. 不等式 $(x-2)(1-3x)>0$ 的解集是_____.

7. 已知二次函数 $y=x^2+2x-8$，若 $y\leqslant0$，则实数 x 的取值范围是_____.

三、解答题

8. 解下列一元二次不等式.

(1) $x^2 - 2x + 1 > 0$;

(2) $x^2 + 2 \geqslant -3x$;

(3) $4x^2 - 3x + 2 < 0$;

(4) $x(x-2) - x + 2 \geqslant 0$;

(5) $x^2 - 8x + 7 < 0$;

(6) $3x^2 - 6x + 4 \geqslant 0$.

9. 已知关于 x 的不等式 $x^2 + ax + b < 0$ 的解集是 $\{x \mid -2 < x < 3\}$，求：

(1) a，b 的值；

(2) 不等式 $x^2 - ax + b \geqslant 0$ 的解集.

拓展训练

关于 x 的不等式 $(m+2)x^2 - 2(m+2)x + 5 > 0$ 的解集为 **R**. 试求实数 m 的取值范围.

2.3.3　一元二次不等式的应用举例

改错与反思

知识要点

应用不等式(组)解决简单实际问题的步骤:

(1)审题:分析题意,明确已知量和未知量;

(2)建立不等式(组):设定未知数,根据实际问题中的不等关系,列出不等式(组);

(3)求解:解不等式(组),求出未知数的范围;

(4)检验:从不等式(组)的解集中求出符合题意的答案.

基础训练

1. 某工厂生产一种产品的总利润 y(万元)与产量 x(kg)满足函数关系:$y=-x^2+300x-100$,$0<x<200$. 试问:若要使总利润超过 8000 万元,则产量应达到的范围是什么?

2. 园林工人计划使用 20 m 的栅栏,在靠墙的位置围出一块矩形花园. 要使花园的面积不小于 42 m²,你能确定与墙平行的栅栏的长度范围吗?

3. 一家旅社有客房 100 间，每间客房日租金 80 元，每天都客满．旅社欲提高档次，并提高租金．如果每间客房日租金增加 20 元，每天客房出租数就会减少 10 间．不考虑其他因素，旅社将每间客房的日租金定在什么范围内时，每天客房的总租金不低于 9000 元？

4. 某商品的进价为 80 元/件，售价定为 100 元/件，每周可卖出 100 件．根据市场调查，该商品每件涨价 10 元，每周要少卖出 20 件，那么该商品的售价定在什么范围，才能使每周的利润不少于 2400 元？

拓展训练

现需做一个"目"字形框架，其中横框采用 20 元/m 的 A 类木材，竖框采用 30 元/m 的 B 类材料．若现用 240 元做这个框架，则当横框的长度为何值时，框架的面积不小于 $\frac{8}{3}$ m²？

§2.4 含绝对值的不等式

知识要点

1. 设 $a>0$，$|x|\leqslant a$ 的解集为 $\{x\mid -a\leqslant x\leqslant a\}$；

   $|x|>a$ 的解集为 $\{x\mid x<-a$ 或 $x>a\}$.

2. 设 $c>0$，$|ax+b|\leqslant c\Leftrightarrow -c\leqslant ax+b\leqslant c$；

   $|ax+b|>c\Leftrightarrow ax+b<-c$ 或 $ax+b>c$.

基础训练

一、选择题

1. 不等式 $|x-3|\leqslant 1$ 的解集是（　　）.

   A. $\{x\mid 2<x<4\}$　　　　　　B. $\{x\mid x<2$ 或 $x>4\}$

   C. $\{x\mid 2\leqslant x\leqslant 4\}$　　　　　　D. $\{x\mid x\leqslant 2$ 或 $x\geqslant 4\}$

2. 下列不等式中，与 $\left|\dfrac{x}{3}-1\right|<1$ 的解集不同的是（　　）.

   A. $\left|1-\dfrac{x}{3}\right|<1$　　　　　　B. $|x-3|<3$

   C. $3<x+3<9$　　　　　　D. $\dfrac{x}{3}-1<-1$ 或 $\dfrac{x}{3}-1>1$

3. 不等式 $|x-5|-1>4$ 的解集是（　　）.

   A. $(0,10)$　　　　　　B. $(-\infty,0)$

   C. $(10,+\infty)$　　　　　　D. $(-\infty,0)\bigcup(10,+\infty)$

4. 已知 $A=\{x\mid |x+1|\geqslant 2\}$，$B=\{x\mid |x-1|<3\}$，则 $A\bigcup B$ 等于（　　）.

   A. $\{x\mid x\in \mathbf{R}\}$　　　　　　B. $\{x\mid x\leqslant -3$ 或 $x>-2\}$

   C. $\{x\mid -2<x<4\}$　　　　　　D. $\{x\mid 1<x<4\}$

二、填空题

5. 已知全集 $U=\mathbf{R}$，设 $A=\{x\mid |2-3x|>6\}$，则 $\complement_U A=$ _____.

6. 方程 $\left|\dfrac{x+3}{x-4}\right|=\dfrac{x+3}{4-x}$ 的解构成的集合是 _____.

三、解答题

7. 解下列不等式.

   (1) $|-3x+5|<1$；

（2）$|-3x+5|\geqslant 1$.

8. 解不等式组：$\begin{cases} |x-2|<1, \\ \dfrac{4x-2}{3}\geqslant x. \end{cases}$

拓展训练

解不等式组：$\begin{cases} x^2-x-20<0, \\ x^2-2x-3>0. \end{cases}$

第 2 章综合练习

一、选择题

1. 若 $a < 0$，$-1 < b < 0$，则 a，ab，ab^2 的大小关系是(　　).

    A. $a > ab > ab^2$ B. $ab^2 > ab > a$

    C. $ab > a > ab^2$ D. $ab > ab^2 > a$

2. 设 $A = (-3, 2)$，$B = (0, 3)$，则 $A \cup B$ 等于(　　).

    A. $(-3, 3)$ B. $(0, 2)$ C. $(-3, 0)$ D. $(2, 3)$

3. 设 $x \neq 0$，那么 $(x^2 + 1)^2$ 与 $x^4 + x^2 + 1$ 的大小关系是(　　).

    A. $(x^2 + 1)^2 > x^4 + x^2 + 1$ B. $(x^2 + 1)^2 < x^4 + x^2 + 1$

    C. $(x^2 + 1)^2 = x^4 + x^2 + 1$ D. 不能确定

4. 下列不等式中，与不等式 $x^2 - 9 \leqslant 0$ 解集相同的是(　　).

    A. $x \leqslant -3$ 或 $x \geqslant 3$ B. $x \geqslant -3$

    C. $|x| \leqslant 3$ D. $x \leqslant 3$

二、填空题

5. 设全集 $U = \mathbf{R}$，$A = (3, +\infty)$，则 $\complement_U A = $ _____.

6. 不等式 $|x - 2| > 1$ 的解集用区间表示为 _____.

7. 不等式 $(x - 1)\sqrt{x^2 - 2x - 3} \geqslant 0$ 的解集为 _____.

三、解答题

8. 解下列不等式(组).

(1) $|2x - 1| \leqslant 3$；   (2) $x^2 - 10x + 16 > 0$；

(3) $\begin{cases} |3 - 2x| > 1, \\ \dfrac{x - 3}{2} \leqslant \dfrac{-1 - x}{3}; \end{cases}$ (4) $\begin{cases} 1 - \dfrac{2 - x}{6} < x - \dfrac{1 + x}{3}, \\ |2x - 1| \leqslant 9 \end{cases}$ $x \in \mathbf{Z}.$

9. 已知二次函数 $y = x^2 - 2x - 8$,

(1)求 $y < 0$ 时, x 的取值范围;

(2)若对任意实数 x, 均有 $y \geqslant (m+2)x - m - 15$ 成立, 求实数 m 的取值范围.

10. 某商品的进货单价是 30 元, 若按 40 元一个销售, 能卖出 40 个, 若销售单价每涨 1 元, 销售量减少 1 个, 要获得最大利润, 问此商品的最佳价位应定在每个多少元?

第 2 章检测题

（时间：40 分钟）

一、选择题（每小题 7 分，共 35 分）

1. 如果 $a<b<0$，那么下列不等式成立的是（　　）.

    A. $\dfrac{1}{a}<\dfrac{1}{b}$ B. $ab<b^2$ C. $a^2>b^2$ D. $a^3>b^3$

2. 不等式 $2x^2-3x-2<0$ 的解集是（　　）.

    A. $\left(-\dfrac{1}{2},\ 2\right)$ B. $\left(-\infty,\ -\dfrac{1}{2}\right)\cup(2,\ +\infty)$

    C. $\left(-2,\ \dfrac{1}{2}\right)$ D. $(-\infty,\ -2)\cup\left(\dfrac{1}{2},\ +\infty\right)$

3. 不等式 $|1-3x|\geqslant 2$ 的解集是（　　）.

    A. $\left[-\dfrac{1}{3},\ 1\right]$ B. $\left(-\infty,\ -\dfrac{1}{3}\right]\cup[1,\ +\infty)$

    C. $\left[-1,\ \dfrac{1}{3}\right]$ D. $(-\infty,\ -1]\cup\left[\dfrac{1}{2},\ +\infty\right)$

4. 不等式 $\dfrac{x+2}{x-1}\leqslant 0$ 的解集是（　　）.

    A. $[-2,\ 1]$ B. $(-\infty,\ -2]\cup[1,\ +\infty)$

    C. $[-2,\ 1)$ D. $(-\infty,\ -2]\cup(1,\ +\infty)$

5. 命题“$b^2-4ac>0(a\neq 0)$”是命题“关于 x 的一元二次方程 $ax^2+bx+c=0(a\neq 0)$ 有实数根”的（　　）.

    A. 充分不必要条件   B. 必要不充分条件

    C. 充要条件   D. 既不充分也不必要条件

二、填空题（每小题 7 分，共 21 分）

6. 已知集合 $A=(-3,\ 1]$，$B=[-1,\ 2)$，则 $A\cap B=$＿＿＿＿＿＿＿，$A\cup B=$＿＿＿＿＿＿＿.

7. 用区间表示不等式 $\dfrac{4-2x}{3}<1-\dfrac{x-3}{4}$ 的解集是＿＿＿＿＿＿＿.

8. 不等式 $|3x-1|\leqslant 5$ 的整数解组成的集合是＿＿＿＿＿＿＿.

三、解答题（每小题 11 分，共 44 分）

9. 已知集合 $A=\{x\mid(x-1)^2<4\}$，$B=\{x\mid|x+1|\geqslant 1\}$，求 $A\cap B$，$A\cup B$.

10. 已知集合 $A=\{x\,|\,|1-2x|<3\}$，$B=\{x\,|\,|x+b|<a\}$，且 $A=B$，求 $4a-2b$ 的值.

11. 已知集合 $A=\{x\,|\,x^2-2x-3\leqslant 0\}$，$B=\{x\,|\,x>a\}$. 要使 $A\bigcap B=\varnothing$，求实数 a 的取值范围.

12. 某工厂生产某零件，已知售价 m(元/件)与月销量 x(件)之间的函数关系为 $m=120-x$，月总成本 a(元)与月销量 x(件)之间的函数关系为 $a=500+30x$，问当该厂月销量 x 为多少时，所得利润不少于 1300 元?

第3章 · 函 数

§3.1 函数的概念

3.1.1 函数的概念

知识要点

1. 函数的定义：设 A，B 是非空的数集，如果按某个确定的对应法则 f，使对于集合 A 中的任意一个数 x，在集合 B 中都有唯一确定的数 $f(x)$ 和它对应，那么就称 f 为集合 A 到集合 B 的一个函数，记作 $y = f(x)$，$x \in A$. 其中 x 叫做自变量. x 的取值范围 A 叫做函数的定义域；与 x 的值相对应的 y 的值叫做函数值，函数值的集合 $\{f(x) \mid x \in A\}$ 叫做函数的值域.

2. 函数三要素：定义域、值域、对应法则.

3. 函数的相等：两个函数的定义域和对应法则都相同，这两个函数才相等.

基础训练

一、选择题

1. 下列图像中不能作为函数图像的是（　　　）.

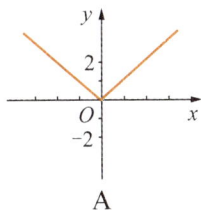 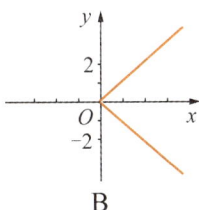 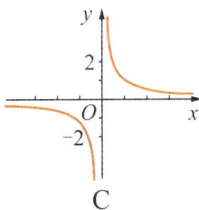 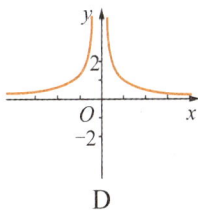

A　　　　　　　B　　　　　　　C　　　　　　　D

2. 对于 $y=1$，下列说法：①$y=1$ 中没有自变量 x，所以不是函数；②$y=1$ 与 $y=x^0$ 是同一个函数；③对任意 $x\in\mathbf{R}$，都有 $y=1$；④$y=1$ 的图像是经过 $(0,1)$ 且与 x 轴平行的直线. 其中正确的有（　　）.

　　A. 1 个　　　　B. 2 个　　　　C. 3 个　　　　D. 4 个

3. 设函数 $f(x)=\dfrac{m}{x}-1(x\neq 0)$，且 $f(1)\cdot f\left(\dfrac{1}{2}\right)=3$，则 m 等于（　　）.

　　A. $\dfrac{1}{2}$ 或 2　　B. $\dfrac{1}{2}$ 或 -2　　C. $-\dfrac{1}{2}$ 或 2　　D. $-\dfrac{1}{2}$ 或 -2

4. 下列函数中，与 $f(x)=x$ 表示同一函数的是（　　）.

　　A. $s(t)=t$　　　B. $f(x)=\dfrac{x^2}{x}$　　C. $f(x)=|x|$　　D. $f(x)=(\sqrt{x})^2$

二、填空题

5. 已知函数 $f(x)=1-3x$ 的定义域为 $\{-1,0,1,2,4\}$，则函数 $f(x)$ 的值域为_____.

6. 若等腰三角形的周长为 20，底边长为 y，一腰长为 x，则 y 与 x 之间的函数关系式为_____.

三、解答题

7. 在淘宝网上某种小商品售价为每件 6.5 元，每笔交易固定运费 12 元.

(1) 请写出购买这种小商品需支出的费用 y（元）与购买件数 x 之间的函数关系式；

(2) 某同学要购买 10 件这种商品，需要支付多少元？

8. 设 $f(x)=2x^2+ax+b$，已知 $f(0)=f(2)$，且 $f(-1)=7$，求 a,b 的值.

拓展训练 ●　

1. 已知函数 $f(x)=x^2-2x$，$g(x)=\dfrac{1}{x+1}$，则 $f(2)=$ _____，

$g[f(2)]=$ _____.

2. 已知 $f(2x)=3x-1$，则 $f(4)=$ _____.

改错与反思

3.1.2　求函数的定义域

知识要点

1.（1）函数关系如果是用解析式表示的，函数的定义域就是使解析式有意义的自变量的取值范围．如果解析式是从某实际问题列出的，自变量的取值还要使实际问题有意义；

（2）如果函数关系是用列表给出的，从表中可直接看出自变量的取值范围；

（3）如果函数关系是用图像表示的，从图像横向左右的分布可看出自变量的取值范围．

2. 我们主要讨论由解析式表示的函数的定义域．

（1）常见函数定义域的求法．

①若 $y=\dfrac{1}{f(x)}$，则 $f(x)\neq0$；②若 $y=\sqrt{f(x)}$，则 $f(x)\geqslant0$.

（2）如果一个函数的解析式是以上几个函数由运算符号连接而成的，就要使各部分都有意义，列出不等式组求解．

基础训练

一、选择题

1. 下列各点中，在函数 $y=|x|+1$ 的图像上的点是（　　）.

　A.（1，2）　　　B.（3，−4）　　C.（0，−1）　　D.（5，−6）

2. 函数 $y=\dfrac{1}{\left(x-\dfrac{3}{2}\right)^{\frac{1}{3}}}$ 的定义域是（　　）.

　A. $(-\infty,+\infty)$　　　　　　　B. $\left(-\infty,\dfrac{3}{2}\right)\cup\left(\dfrac{3}{2},+\infty\right)$

　C. $\left[\dfrac{3}{2},+\infty\right)$　　　　　　　　D. $\left(\dfrac{3}{2},+\infty\right)$

3. 函数 $y=\sqrt{2-3x}$ 的定义域是（　　）.

　A. $\left(-\infty,\dfrac{2}{3}\right)$　　　　　　　B. $\left(-\infty,\dfrac{2}{3}\right]$

　C. $\left(\dfrac{2}{3},+\infty\right)$　　　　　　　D. $\left[\dfrac{2}{3},+\infty\right)$

4. 已知函数 $f(x)=x^2-7$，则 $f(-3)$ 等于（　　）.

　A. −16　　　　B. −13　　　C. 2　　　　　D. 9

二、填空题

5. 函数 $f(x)=\dfrac{1}{x+1}$ 的定义域是_____.

6. 函数 $f(x)=\sqrt{3x-2}$ 的定义域是_____.

三、解答题

7. 求函数 $y=\dfrac{1}{1-2x}+\sqrt{x+2}$ 的定义域.

8. 求函数 $y=\dfrac{x}{\sqrt{-x^2-x+2}}-(x+1)^0$ 的定义域.

拓展训练

已知函数 $f(x)=\sqrt{3-|x+2|}+\dfrac{1}{x^2-1}$,求 $f(x)$ 的定义域.

改错与反思

3.1.3 函数的三种表示法

改错与反思

知识要点

函数主要有三种表示方法：解析法、列表法和图像法.

基础训练

一、选择题

1. 如图反映的过程是小刚从家去菜地浇水，又去青稞地除草，然后回家，若菜地和青稞地的距离为 a km，小刚在青稞地除草比在菜地浇水多用了 b min，则 a 和 b 的值分别是(　　).

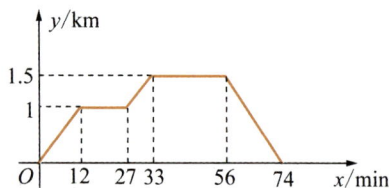

A. 1，8 　　　　B. 0.5，12

C. 1，12 　　　　D. 0.5，8

2. 星期六，小亮从家骑自行车到同学家去玩，然后返回，如图是他离家的路程 y(km)与时间 x(min)的函数图像，根据图像信息，下列说法不一定正确的是(　　).

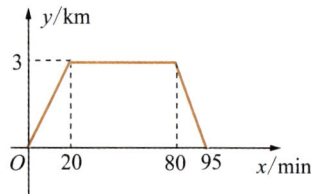

A. 小亮家到同学家的路程是 3 km

B. 小亮在同学家逗留的时间是 1 h

C. 小亮去时走上坡路，回家时走下坡路

D. 小亮回家时用的时间比去时用的时间少

3. 百货大楼进了一批画布，出售时要在进价的基础上加一定的利润，其画布数量 x(m)与售价 y(元)如下表.

数量 x/m	1	2	3	4
售价 y/元	8+0.3	16+0.6	24+0.9	32+1.2

下列用数量 x(m)表示售价 y(元)的关系式中，正确的是(　　).

A. $y=8x+0.3$ 　　　　　　B. $y=(8+0.3)x$

C. $y=8+0.3x$ 　　　　　　D. $y=8+0.3+x$

4. 小亮因感冒发烧住院治疗，护士为了较直观地了解小亮这天 24 h 的体温和时间的关系，可选择的比较好的方式是(　　).

A. 列表法　　B. 图像法　　C. 解析法　　D. 以上都可以

二、填空题

5. 函数的表示方法主要有三种，即 _____.

6. 在数学用表中，表示函数关系采用的是_____法.

三、解答题

7. 日常生活中，老人是一个模糊的概念，可用老人系数表示一个人的老年化程度，老人系数的计算方法如下表.

人的年龄 x/岁	$x \leqslant 60$	$60 < x < 80$	$x \geqslant 80$
老人系数 y	0	$\dfrac{x-60}{20}$	1

按照这样的规定，计算老人系数为 0.6 的人的年龄是多少.

8. 李老师周末骑自行车去郊游，如图表示的是他离家的距离 y(km) 与时间 t(h) 之间关系的函数图像，李老师 9:00 离开家，15:00 到家. 根据这个图像，请回答下列问题.

(1) 他到离家最远的地方花了多长时间？此时离家多远？

(2) 他何时开始第一次休息？休息了多长时间？

(3) 他从离家最远的地方回到家用了多长时间？速度是多少？

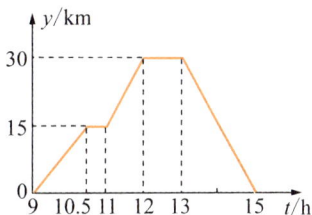

拓展训练

某公园集体门票的收费标准是 20 人以内，每人 25 元，超过 20 人，超过的每人 10 元.

(1) 写出应收门票费 y(元) 与进园人数 $x(x > 20)$ 之间的函数解析式；

(2) 利用 (1) 中的解析式计算：某旅游团有 54 人去该公园观赏，购买门票花了多少钱.

改错与反思

3.1.4 分段函数

知识要点

1. 在定义域内，对于自变量 x 的不同取值区间，有不同的对应法则，这样的函数叫做分段函数.

2. 定义域：分段函数的定义域为各段 x 的取值范围的并集.

基础训练

一、选择题

1. 函数 $f(x)=\begin{cases} 2x+2, & -1\leqslant x\leqslant 0, \\ -\dfrac{1}{2}x, & 0<x<2, \\ 3, & x\geqslant 2 \end{cases}$ 的定义域是（　　）.

　A. $[-1, +\infty)$ 　　　　　　　　B. $(-1, 3]$

　C. $(-1, +\infty)$ 　　　　　　　　D. $(-1, 3)$

2. 设函数 $f(x)=\begin{cases} -x, & x\leqslant 0, \\ x^2, & x>0, \end{cases}$ 若 $f(a)=4$，则实数 a 等于（　　）.

　A. -4 或 -2 　　　　　　　　B. -4 或 2

　C. -2 或 4 　　　　　　　　D. -2 或 2

3. 函数 $f(x)=|x-1|$ 的图像是（　　）.

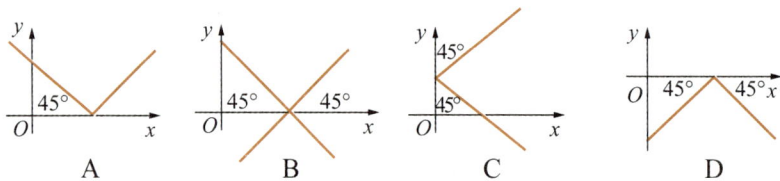

　　A　　　　　　　B　　　　　　　C　　　　　　　D

4. 函数 $y=|x-3|-|x+1|$ 有（　　）.

　A. 最大值 4，最小值 0 　　　　B. 最大值 0，最小值 -4

　C. 最大值 4，最小值 -4 　　　　D. 最大值、最小值都不存在

二、填空题

5. 已知函数 $f(x)=\begin{cases} x^2+2, & x\geqslant 2, \\ 2x, & x<2, \end{cases}$ 则 $f(-1)=$ _____.

6. 已知函数 $f(x)=\begin{cases} 1-x^2, & x\leqslant 1, \\ x^2-x-3, & x>1, \end{cases}$ 则 $f\left[\dfrac{1}{f(3)}\right]$ 的值是 _____.

三、解答题

7. 画出函数 $y=|x|$ 的图像.

8. 已知函数 $f(x)=\begin{cases} |x-1|-2, & |x|\leqslant 1, \\ \dfrac{1}{1+x^2}, & |x|>1, \end{cases}$ 求 $f\left[f\left(\dfrac{1}{2}\right)\right]$ 的值.

拓展训练

已知函数 $y=\begin{cases} x+4, & x\leqslant 0, \\ x^2-2x, & 0<x\leqslant 4, \\ -x+2, & x>4. \end{cases}$

(1) 求 $f\{f[f(5)]\}$ 的值；

(2) 画出函数的图像.

§3.2 函数的单调性

函数的单调性(1)

知识要点

1. 函数的单调性定义：$y = f(x)$ 的定义域为 A，$I \subseteq A$，对任意的 x_1，$x_2 \in I$，且 $x_1 < x_2$.

(1)若 $f(x_1) < f(x_2)$，则称 $f(x)$ 在 I 上为增函数，I 为增区间；

(2)若 $f(x_1) > f(x_2)$，则称 $f(x)$ 在 I 上为减函数，I 为减区间.

2. 图像：增函数的图像从左至右是上升的，如图(1)；减函数的图像从左至右是下降的，如图(2).

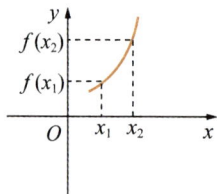 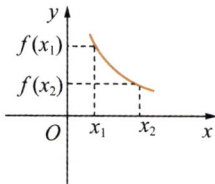

(1) (2)

3. 用定义证明函数单调性的步骤：

(1)设 x_1，$x_2 \in I$，且 $x_1 < x_2$；

(2)作差 $f(x_1) - f(x_2)$；

(3)变形(分解、通分等)；

(4)判断正负；

(5)下结论.

基础训练

一、选择题

1. 若 $f(x)$ 在 $[-5, 5]$ 上是减函数，则下列结论正确的是(　).

　A. $f(3) < f(-4) < f(-\pi)$　　　B. $f(-\pi) < f(-4) < f(3)$

　C. $f(3) < f(-\pi) < f(-4)$　　　D. $f(-4) < f(-\pi) < f(3)$

2. 若 $f(x)$ 在 $(0, +\infty)$ 上是增函数，且 $0 < x_1 < x_2$，则(　).

　A. $f(x_1) > f(x_2)$　　　　　　B. $f(x_1) < f(x_2)$

　C. $f(x_1) = f(x_2)$　　　　　　D. 无法确定

3. 若 $f(x) = kx + 2$ 在 **R** 上是增函数，且 $x_1 < x_2$，则(　).

　A. $f(x_1) > f(x_2)$　　　　　　B. $f(x_1) < f(x_2)$

　C. $f(x_1) = f(x_2)$　　　　　　D. 无法确定

4.下列函数在$(0,+\infty)$上是增函数的是(　　).

　A. $y=-x^2$　　　　　　B. $y=x^2+1$

　C. $y=-2x+1$　　　　　D. $y=\dfrac{3}{x}$

二、填空题

5.若 $f(x)$ 在 D 上是减函数，则 $x_1<x_2\Leftrightarrow$ _____.

6.若 $f(x)$ 在 **R** 上是增函数，则 $f(2)$ _____ $f(3)$.

三、解答题

7.如图是定义在区间$[-5,5]$上的函数 $y=f(x)$，根据图像说出函数的单调区间.

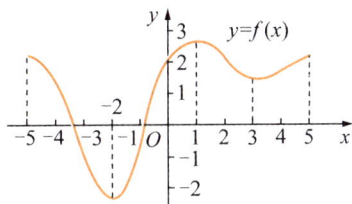

8.利用函数单调性定义证明函数 $f(x)=3x+2$ 在$(-\infty,+\infty)$上是增函数.

拓展训练

求证：函数 $f(x)=x-\dfrac{1}{x}$ 在区间$(0,+\infty)$上是增函数.

改错与反思

函数的单调性(2)

知识要点

我们可以根据函数的图像和单调性的定义来判断函数的单调性. 对于我们学过的函数,只需根据解析式中的系数直接判断函数的单调性即可. 以下的结论,请同学们结合图像理解记忆.

1. 一次函数 $y = kx + b \, (k \neq 0)$

当 $k > 0$ 时,$y = kx + b$ 在 $(-\infty, +\infty)$ 上是增函数;

当 $k < 0$ 时,$y = kx + b$ 在 $(-\infty, +\infty)$ 上是减函数.

2. 反比例函数 $y = \dfrac{k}{x} \, (k \neq 0)$

当 $k > 0$ 时,$y = \dfrac{k}{x}$ 在 $(-\infty, 0)$ 和 $(0, +\infty)$ 上是减函数;

当 $k < 0$ 时,$y = \dfrac{k}{x}$ 在 $(-\infty, 0)$ 和 $(0, +\infty)$ 上是增函数.

3. 二次函数 $y = ax^2 + bx + c \, (a \neq 0)$

当 $a > 0$ 时,$y = ax^2 + bx + c$ 在 $\left(-\infty, -\dfrac{b}{2a}\right]$ 上是减函数,在 $\left[-\dfrac{b}{2a}, +\infty\right)$ 上是增函数;

当 $a < 0$ 时,$y = ax^2 + bx + c$ 在 $\left(-\infty, -\dfrac{b}{2a}\right]$ 上是增函数,在 $\left[-\dfrac{b}{2a}, +\infty\right)$ 上是减函数.

基础训练

一、选择题

1. 若定义域为 **R** 的函数 $f(x)$ 对任意两个不相等的实数 a,b,总有 $(a-b)[f(a)-f(b)] > 0$,则必有(   ).

    A. 函数 $f(x)$ 先增后减　　　　B. 函数 $f(x)$ 先减后增

    C. 函数 $f(x)$ 在 **R** 上是增函数　　D. 函数 $f(x)$ 在 **R** 上是减函数

2. 函数 $y = 4x + 3$ 的单调递增区间是(   ).

    A. $(-\infty, +\infty)$　　　　　　B. $(0, +\infty)$

    C. $(-\infty, 0)$　　　　　　　　D. $[0, +\infty)$

3. 函数 $y = -x^2 + 2$ 的单调递减区间是(   ).

    A. $(-\infty, 0]$　　　　　　　　B. $[0, +\infty)$

    C. $(2, +\infty)$　　　　　　　　D. $(-\infty, +\infty)$

4. 下列函数中，在区间 $(-\infty, 0)$ 上单调递增的是( ).

    A. $f(x)=-3x+1$ B. $f(x)=x^2-1$

    C. $f(x)=-\dfrac{2}{x}$ D. $f(x)=-x^2-2x$

二、填空题

5. 函数 $f(x)=-x^2+4x-4$ 在区间 $[2, 5]$ 上是_____函数.

6. 如果函数 $f(x)=(2m-1)x^2+mx+3$ 在 **R** 上是单调函数，那么 m 的值等于_____.

三、解答题

7. 作函数 $y=4x-2$ 的图像，并判断其单调性.

8. 已知函数 $f(x)=(2m-2)x+5$ 为减函数，求实数 m 的取值范围.

拓展训练

若 $f(x)$ 是定义在 $[0, +\infty)$ 上的减函数，解不等式 $f(x)<f(-2x+8)$.

改错与反思

§3.3　函数的奇偶性

函数的奇偶性(1)

知识要点

1. 函数的奇偶性定义：设函数 $y=f(x)$ 的定义域是关于原点对称的区间 D，①任取 $x\in D$，都有 $f(-x)=f(x)$，则称 $f(x)$ 为偶函数；②任取 $x\in D$，都有 $f(-x)=-f(x)$，则称 $f(x)$ 为奇函数.

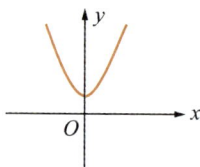

2. 偶函数的图像关于 y 轴对称，奇函数的图像关于原点对称.

偶函数的图像　　　　　奇函数的图像

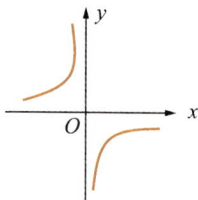

3. 用定义判断函数奇偶性步骤：

(1)首先是检验其定义域是否关于原点对称；

(2)求 $f(-x)$，化简、整理，再与 $f(x)$ 比较；

(3)得出结论.

基础训练

一、选择题

1. 奇函数、偶函数的图像分别关于(　　)对称.

A. x 轴、y 轴　　　　　　　　B. x 轴、原点

C. y 轴、原点　　　　　　　　D. 原点、y 轴

2. 下列函数中是偶函数的是(　　).

A. $y=x+3$　　　　　　　　　B. $y=x^2+1$

C. $y=x^3$　　　　　　　　　　D. $y=x^3+1$

3. $f(x)$ 在 $(-\infty,+\infty)$ 上是奇函数，且 $f(-1)=2$，则 $f(1)$ 等于(　　).

A. -2　　　　　B. -1　　　　　C. 1　　　　　D. 2

4. 函数 $f(x)=(a-3)x^2+x$ 为奇函数，则实数 a 的值是(　　).

A. 1　　　　　B. 2　　　　　C. 3　　　　　D. 4

二、填空题

5. 已知函数 $f(x)$ 是奇函数，则 $f(0) =$ _____.

6. 已知二次函数 $f(x) = (a+2)x^2 + (4-a^2)x$ 为偶函数，则 $f(x)$ 的递增区间是 _____.

三、解答题

7. 判断下列函数的奇偶性.

(1) $f(x) = x^2 + 1$; (2) $f(x) = x^3$;

(3) $f(x) = x^3 + \dfrac{1}{x}$; (4) $f(x) = \dfrac{1}{x^2}$.

8. 利用函数奇偶定义证明函数 $f(x) = 2x - \dfrac{1}{x}$ 在定义域内是奇函数.

🍊 **拓展训练** ●

奇函数 $f(x)$ 在 **R** 上是减函数，且 $f(2x-1) < -f(x)$，求 x 的取值范围.

函数的奇偶性(2)

改错与反思

知识要点

1. 判断函数的奇偶性，除了根据函数奇偶性的定义和图像进行判断外，对于学过的函数的奇偶性还应熟记.

偶函数：$y=c$，$y=|x|$，$y=ax^2+c(a\neq0)$；

奇函数：$y=kx(k\neq0)$，$y=\dfrac{k}{x}(k\neq0)$；

非奇非偶函数：$y=kx+b(kb\neq0)$，$y=ax^2+bx(ab\neq0)$.

2. 对于奇偶函数有下列法则：

(1)奇＋奇＝奇，偶＋偶＝偶，奇＋偶＝非奇非偶；

(2)奇×奇＝偶，偶×偶＝偶，偶×奇＝奇，奇/奇＝偶，偶/偶＝偶，偶/奇＝奇.

3. 偶函数在对称区间上的增减性相反；奇函数在对称区间上的增减性相同，如图所示.

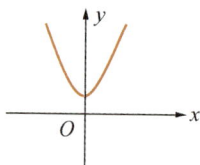

偶函数的图像　　　　奇函数的图像

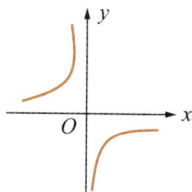

基础训练

一、选择题

1. 下列函数中既是奇函数又是增函数的是(　　　).

　　A. $y=3x$　　　B. $y=\dfrac{1}{x}$　　　C. $y=2x^2$　　　D. $y=-\dfrac{1}{3}x$

2. 已知定义域为 **R** 的偶函数 $f(x)$ 在区间$[0,+\infty)$上为增函数，则$f(-4)$，$f(-3)$，$f(2)$的大小关系是(　　　).

　　A. $f(-4)<f(-3)<f(2)$　　　B. $f(2)<f(-3)<f(-4)$

　　C. $f(-3)<f(-4)<f(2)$　　　D. $f(2)<f(-4)<f(-3)$

3. 如果偶函数 $f(x)$ 在区间$[2,5]$上是增函数，且最小值为 7，那么 $f(x)$在区间$[-5,-2]$上是(　　　).

　　A. 增函数且最大值为 7　　　B. 增函数且最小值为 7

　　C. 减函数且最大值为 7　　　D. 减函数且最小值为 7

4. 下列各函数在其定义域内，既是奇函数又是增函数的是(　　).

A. $y = x + 1$ B. $y = x^3$

C. $y = -\dfrac{1}{x}$ D. $y = x^2 - 1$

改错与反思

二、填空题

5. 已知函数 $f(x)$ 是奇函数，而且在 $(-\infty, 0)$ 上是减函数，则 $f(x)$ 在 $(0, +\infty)$ 上是_____(选填"增"或"减")函数.

6. 已知函数 $f(x)$ 是偶函数，而且在 $(-\infty, 0)$ 上是减函数，则 $f(x)$ 在 $(0, +\infty)$ 上是_____(选填"增"或"减")函数.

三、解答题

7. 求证：函数 $f(x) = x + \dfrac{3}{x}$ 在定义域内是奇函数.

8. 已知 $f(x)$ 为 **R** 上的奇函数，$g(x)$ 为 **R** 上的偶函数，且 $f(2) = -1$，$g(2) = 3$，则当 $h(x) = 2f(x) - 3g(x) + 1$ 时，求 $h(-2)$ 的值.

拓展训练

设 $f(x)$ 是定义在 **R** 上的偶函数，且在 $(-\infty, 0)$ 上是增函数，判断 $f(-1)$ 与 $f(a^2 - 2a + 2)(a \in \mathbf{R})$ 的大小关系.

改错与反思

§3.4 函数的实际应用举例

知识要点

有关函数的应用，应重点掌握分段函数和二次函数的相关简单应用.对于二次函数，应熟悉以下相关知识.

1. 二次函数的一般式：$y=ax^2+bx+c(a\neq0)$

最值：(1)若 $a>0$，当 $x=-\dfrac{b}{2a}$ 时，$y_{min}=\dfrac{4ac-b^2}{4a}$；

(2)若 $a<0$，当 $x=-\dfrac{b}{2a}$ 时，$y_{max}=\dfrac{4ac-b^2}{4a}$.

2. 二次函数的顶点式：$y=a(x-h)^2+k(a\neq0)$

最值：(1)若 $a>0$，当 $x=h$ 时，$y_{min}=k$；

(2)若 $a<0$，当 $x=h$ 时，$y_{max}=k$.

基础训练

一、选择题

1. 某生产厂商更新设备，已知在未来 x 年内，此设备所花费的各种费用总和 y(万元)与 x 满足函数关系 $y=4x^2+64$. 若欲使此设备的年平均花费最低，则此设备的使用年限 x 为(　　).（提示：先把平均花费表达式列出来，并适当变形. 然后，法 1：让 x 依次取值验证，可看出结果；法 2：配方；法 3：运用均值不等式（一般不要求））

    A. 3   B. 4   C. 5   D. 6

2. 已知甲商品和乙商品价格相同，甲商品价格先上调 10%，后下调 10%，乙商品价格先下调 10%，再上调 10%，则调整后，甲乙两种商品的价格比较情况是(　　).

    A. 甲商品价格高一些   B. 乙商品价格高一些

    C. 两种商品价格一样   D. 无法确定

3. 国内某快递公司规定：质量在 1000 g 以内的包裹快递邮资标准如下表.

运送距离 x/km	$0<x\leqslant500$	$500<x\leqslant1000$	$1000<x\leqslant1500$	$1500<x\leqslant2000$
邮资 y/元	5.00	6.00	7.00	8.00

如果某人从北京快递 900 g 的包裹到距北京 1300 km 的某地，他应付的邮资是(　　).

    A. 5.00 元   B. 6.00 元   C. 7.00 元   D. 8.00 元

4. 用长度为 24 的材料围一个中间有两道隔墙的矩形场地，要使矩形场地的面积最大，则隔墙的长度为(　　)．

　　A. 3　　　　　B. 4　　　　　C. 6　　　　　D. 12

二、填空题

5. 已知某食品 5 kg 的价格为 50 元，则该食品价格 y(元)与质量 x(kg)之间的函数关系式为_____．

6. 小磊要制作一个三角形的钢架模型，在这个三角形中，长度为 x(单位：cm)的边与这条边上的高之和为 40 cm，这个三角形的面积 S(单位：cm^2)随 x(单位：cm)的变化而变化，则面积 S 与 x 之间的函数关系式为(不要求写出自变量 x 的取值范围)_____．

三、解答题

7. 某种产品每件定价 80 元，每天可售出 30 件．若每件定价 120 元，则每天可售出 20 件．如果售出件数是每件定价的一次函数，求这个函数关系式(不要求写出自变量 x 的取值范围)．

8. 用长为 8 m 的铝材，做一个"日"字形窗户，则高和宽各为多少时，窗户的面积最大？最大面积是多少？

拓展训练

某种商品的进价为每件 50 元，售价为每件 60 元，每个月可卖出 200 件；若每件商品的售价每上涨 1 元，则每个月少卖 10 件(每件售价不能高于 72 元)，设每件商品的售价上涨 x 元(x 为正整数)，每个月的销售利润为 y 元．则每件商品的售价定为多少时，每个月可获得最大利润？最大利润是多少？

改错与反思

第 3 章综合练习

一、选择题

1. 函数 $y=\dfrac{1}{2x-3}$ 的定义域是( ).

A. $(-\infty, +\infty)$
B. $\left(-\infty, \dfrac{3}{2}\right)\cup\left(\dfrac{3}{2}, +\infty\right)$

C. $\left[\dfrac{3}{2}, +\infty\right)$
D. $\left(\dfrac{3}{2}, +\infty\right)$

2. 下列函数与 $y=x$ 表示同一函数的是( ).

A. $y=\sqrt{x^2}$
B. $y=(\sqrt{x})^2$

C. $y=\dfrac{x^2}{x}$
D. $y=\sqrt[3]{x^3}$

3. 下列函数中,在区间 $(-\infty, 0)$ 上单调递减的是( ).

A. $f(x)=3x+1$
B. $f(x)=x^2-1$

C. $f(x)=-\dfrac{2}{x}$
D. $f(x)=-x^2-2x$

4. 已知定义域为 **R** 的奇函数 $f(x)$ 在区间 $[0, +\infty)$ 上是增函数,则 $f(-4)$,$f(-3)$,$f(2)$ 的大小关系是( ).

A. $f(-4)<f(-3)<f(2)$
B. $f(2)<f(-3)<f(-4)$
C. $f(-3)<f(-4)<f(2)$
D. $f(2)<f(-4)<f(-3)$

二、填空题

5. 已知函数 $f(x)=2x+b$,且 $f(1)=0$,则 $b=$_____.

6. 已知函数 $f(x)=ax^3+bx+5$,其中 a,b 是常数,若 $f(-2)=8$,则 $f(2)=$_____.

7. 构造一个满足下面三个条件的函数实例:_____.

①函数在 $(-\infty, -1)$ 上递减;②函数具有奇偶性;③函数有最小值.

三、解答题

8. 作函数 $y=|x|+1$ 的图像.

9. 已知函数 $f(x)=ax+b$ 的图像过点 $P(3,1)$，且 $f(-1)+f(2)=7$，求 $f(4)$ 的值.

改错与反思

10. 某广告公司设计一幅周长为 12 m 的矩形广告牌，广告设计费用为 1000 元/m^2. 设矩形一边长为 x m，面积为 y m^2.

(1)写出 y 与 x 的函数关系式及 x 的取值范围；

(2)请你设计一个方案，使获得的设计费用最多，并求出这个费用.

第 3 章检测题

（时间：40 分钟）

一、选择题（每小题 8 分，共 32 分）

1. 函数 $f(x)=\sqrt{x+2}\cdot\sqrt{x-2}$ 与 $g(x)=\sqrt{x^2-4}$ 的定义域分别是 A，B，下列推断正确的是（　　）.

　　A. $A=B$　　　　B. $A\subseteq B$　　　C. $B\subseteq A$　　　D. $A\cap B=\varnothing$

2. 下列推断正确的是（　　）.

　　A. $f(x)=1$ 既是奇函数又是偶函数

　　B. $f(x)=\dfrac{x^2-x}{x-1}$ 是奇函数

　　C. $f(x)=(1-x)\cdot\sqrt{\dfrac{1+x}{1-x}}$ 是偶函数

　　D. $f(x)=x^2-2x+1$ 是非奇非偶函数

3. 函数 $f(x)=-\dfrac{1}{x}$ 的单调区间是（　　）.

　　A. $(-\infty,+\infty)$　　　　　　B. $(-\infty,0)$

　　C. $(-\infty,0)$，$(0,+\infty)$　　　D. $(-\infty,0)\bigcup(0,+\infty)$

4. 一根弹簧的原长为 12 cm，它能挂的质量不能超过 15 kg，并且每挂重 1 kg 就伸长 $\dfrac{1}{2}$ cm，则挂重后的弹簧长度 y(cm) 与挂重 x(kg) 之间的函数关系式是（　　）.

　　A. $y=\dfrac{1}{2}x+12(0\leqslant x\leqslant 15)$　　　B. $y=\dfrac{1}{2}x+12(0<x\leqslant 15)$

　　C. $y=\dfrac{1}{2}x+12(0\leqslant x<15)$　　　D. $y=\dfrac{1}{2}x+12(0<x<15)$

二、填空题（每小题 8 分，共 24 分）

5. 已知函数 $f(x)=\begin{cases}x^2+1,& x>0,\\ x+12,& x\leqslant 0,\end{cases}$ 则 $f(-10)=$ _____.

6. 已知函数 $f(x)=x+b$，且 $f(1)=0$，则 $b=$ _____.

7. 已知二次函数 $f(x)=(-a+2)x^2+(4-a^2)x$ 为偶函数，则 $f(x)$ 的递增区间为 _____.

三、解答题（每小题 11 分，共 44 分）

8. 已知奇函数 $f(x)$ 在区间 $[0,+\infty)$ 上单调递增，且 $f(2x-1)<-f(x)$，求 x 的取值范围.

9. 已知二次函数的图像与 x 轴交于 $(-1,0)$，$(3,0)$ 两点，并经过点 $(4,5)$.

(1)求二次函数的解析式；

(2)求二次函数的最值.

10. 某校准备了可以建 24 m 长的墙的建筑材料，想利用一面墙设计修建如图所示的两矩形花台 $ABEF$，$EFDC$（其中墙 EF 共用）. 设矩形 $ABCD$ 的宽 AB 为 x m，面积为 S m².

(1)写出 S 与 x 的函数关系式及 x 的取值范围；

(2)当 x 取何值时，矩形 $ABCD$ 的面积最大？最大面积为多少？

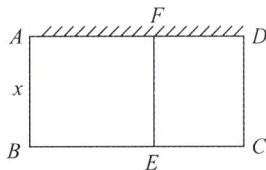

11. 记函数 $y=\dfrac{1}{\sqrt{x-2}}$ 的定义域为集合 A，函数 $y=\sqrt{-x^2+2x+3}$ 的定义域为集合 B.

(1)求 $A\cap B$ 和 $A\cup B$；

(2)若 $C=\{x\mid x-p>0\}$，$C\subseteq A$，求实数 p 的取值范围.

第 4 章 · 指数函数与对数函数

改错与反思

§4.1 指数与指数函数

4.1.1 有理数指数幂的概念

知识要点

1. 如果 $x^n = a(n>1，n \in \mathbf{N})$，那么 x 就叫做 a 的 n 次方根.

2. 形如 $\sqrt[n]{a}(n>1，n \in \mathbf{N})$ 的式子叫做根式，n 叫做根指数，a 叫做被开方数.

3. n 次方根的性质.

(1) $(\sqrt[n]{a})^n = a(n>1，n \in \mathbf{N}_+)$；

(2) 当 n 为奇数时，$\sqrt[n]{a^n} = a$；当 n 为偶数时，$\sqrt[n]{a^n} = |a|$；

(3) 负数没有偶次方根；

(4) 零的 n 次方根为零，记为 $\sqrt[n]{0} = 0$.

4. 分数指数幂的意义.

(1) $a^{\frac{1}{n}} = \sqrt[n]{a}(a>0，n \in \mathbf{N}_+，n>1)$；

(2) $a^{\frac{m}{n}} = \sqrt[n]{a^m}(a>0，m，n \in \mathbf{N}_+，n>1)$；

(3) $a^{-\frac{m}{n}} = \dfrac{1}{a^{\frac{m}{n}}} = \dfrac{1}{\sqrt[n]{a^m}}(a>0，m，n \in \mathbf{N}_+，n>1)$.

5. 有理数指数幂的运算性质.

(1) $a^m \cdot a^n = a^{m+n}$；

(2) $(a^m)^n = a^{mn}$；

(3) $(a \cdot b)^m = a^m b^m$.

其中，$a>0，b>0，m \in \mathbf{Q}，n \in \mathbf{Q}$.

基础训练

一、选择题

1. $a^0 (a \neq 0)$ 等于( ).

 A. 0 　　　　 B. 1 　　　　 C. a 　　　　 D. -1

2. 下列选项正确的是( ).

 A. $a^m \cdot a^n = a^{m+n}$ 　　　　 B. $a^m \cdot a^n = a^{mn}$

 C. $a^{\frac{m}{n}} = \sqrt[m]{a^n}$ 　　　　 D. $\sqrt[n]{a^n} = a$

3. 化简 $\left(\frac{1}{2} a^{-3}\right)^{-1}$ 为( ).

 A. $\frac{1}{2} a^{-3}$ 　　 B. $\frac{1}{2} a^3$ 　　 C. $2a^{-3}$ 　　 D. $2a^3$

4. 下列说法正确的是( ).

 A. 负数没有奇次方根 　　　　 B. 负数没有偶次方根

 C. 正数的偶次方根只有一个 　　 D. 零没有 n 次方根

二、填空题

5. 计算：$3^{-2} = $＿＿＿＿，$0.25^{-\frac{3}{2}} = $＿＿＿＿.

6. 将 $a^{-\frac{2}{3}}$ 写成根式的形式为＿＿＿＿；将 $\sqrt[3]{a^4}$ 写成分数指数幂的形式为＿＿＿＿.

三、解答题

7. 计算：$\sqrt[4]{(-2)^4} + 16^{\frac{1}{2}} - \left(\frac{1}{4}\right)^{-1} + 6^0$.

8. 求值：$64^{\frac{1}{3}} \times \left(1\frac{7}{9}\right)^{-\frac{1}{2}}$.

拓展训练

计算：$\left(\sqrt[3]{\frac{3}{5}}\right)^2 \times \sqrt[4]{\frac{5}{3}} \times \left(\frac{3}{5}\right)^{-\frac{5}{12}}$.

4.1.2 实数指数幂及其运算性质

知识要点

实数指数幂的运算性质:

$(1) a^m \cdot a^n = a^{m+n}$; $(2)(a^m)^n = a^{mn}$; $(3)(a \cdot b)^m = a^m b^m$.

其中, $a > 0$, $b > 0$, $m \in \mathbf{R}$, $n \in \mathbf{R}$.

基础训练

一、选择题

1. 用分数指数幂表示 $\dfrac{1}{\sqrt[3]{a}}$ 为( ).

   A. $a^{-\frac{1}{3}}$ B. $a^{\frac{1}{3}}$ C. $a^{\frac{2}{3}}$ D. a^{-3}

2. 求值 $(4^{\sqrt{2}})^{-\sqrt{2}}$ 等于( ).

   A. 2 B. -16 C. $\dfrac{1}{2}$ D. $\dfrac{1}{16}$

3. 计算 $(0.01)^{\frac{3}{2}}$ 等于( ).

   A. 0.001 B. 0.1 C. 1 D. 0.01

4. 化简 $a^{-\frac{1}{3}} \cdot a^{\frac{1}{6}}$ 为( ).

   A. $a^{-\frac{1}{3}}$ B. $a^{\frac{1}{3}}$ C. $a^{\frac{1}{6}}$ D. $a^{-\frac{1}{6}}$

二、填空题

5. 化简 $(a^2)^3 + a \cdot a^5 = $ _____.

6. $(\sqrt{5} - 3)^0 = $ _____.

三、解答题

7. 用科学计算器计算(保留 4 位小数).

   $(1) 5^{1.2}$; $(2) 4^{\pi}$; $(3) 8^{\sqrt{3}}$.

8. 利用计算器计算比较下列值的大小.

(1)$0.14^{0.2}$ 与 $0.12^{0.2}$；

(2)3.14^{-4} 与 3.12^{-4}.

拓展训练

计算.

(1)$2\sqrt{2} \cdot \sqrt[3]{2} \cdot \sqrt[4]{4}$；

(2)$\sqrt{ab^3} \cdot \sqrt[3]{a^2 b^4} \div \sqrt[6]{ab^3}$ $(a>0，b>0)$.

4.1.3 指数函数的图像和性质

知识要点

1. 一般地，形如 $y=a^x$（$a>0$，且 $a\neq1$，$x\in\mathbf{R}$）的函数叫做指数函数.

2. 指数函数 $y=a^x$（$a>0$，且 $a\neq1$，$x\in\mathbf{R}$）在 $a>1$ 及 $0<a<1$ 这两种情况下的图像和性质如下表所示.

	$a>1$	$0<a<1$
图像		
性质	(1)定义域：$\mathbf{R}$	(1)定义域：$\mathbf{R}$
	(2)值域：$(0，+\infty)$	(2)值域：$(0，+\infty)$
	(3)过点$(0，1)$，即 $x=0$ 时，$y=1$	(3)过点$(0，1)$，即 $x=0$ 时，$y=1$
	(4)是 $\mathbf{R}$ 上的增函数	(4)是 $\mathbf{R}$ 上的减函数
	(5)当 $x>0$ 时，$y>1$； 　　当 $x<0$ 时，$0<y<1$	(5)当 $x>0$ 时，$0<y<1$； 　　当 $x<0$ 时，$y>1$

基础训练

一、选择题

1. 下列函数中是指数函数的是（　　）.

　　A. $y=x^{\frac{1}{3}}$　　　　B. $y=3^{-x}$　　　　C. $y=1^x$　　　　D. $y=4\times2^x$

2. 以下说法错误的是（　　）.

　　A. 指数函数的图像一定过点$(1，0)$

　　B. 指数函数的定义域为 $\mathbf{R}$

　　C. 指数函数的值域为$(0，+\infty)$

　　D. 当 $a>1$ 时，指数函数为单调递增函数

3. 下列指数函数在定义域内是增函数的是（　　）.

　　A. $y=0.54^x$　　B. $y=\left(\dfrac{3}{4}\right)^x$　　C. $y=5^{-x}$　　D. $y=\left(\dfrac{5}{4}\right)^x$

4. 函数 $y=(a+1)^x$ 是减函数，则 a 的取值范围是（　　）.

　　A. $(0，1)$　　　　　　　　B. $(1，+\infty)$

　　C. $(-\infty，-1)$　　　　　D. $(-1，0)$

二、填空题

5. 比较大小：$\left(\dfrac{1}{6}\right)^{\frac{1}{6}}$ _____ $\left(\dfrac{1}{6}\right)^{\frac{1}{5}}$，$\left(\dfrac{3}{2}\right)^{\frac{2}{3}}$ _____ 1.

6. 已知 $a^{-0.2}>1$，则 a 的取值范围是 _____.

三、解答题

7. 指数函数 $f(x)=a^x(a>0，a\neq 1，x\in \mathbf{R})$ 的图像过点 $\left(3，\dfrac{1}{8}\right)$，求：

(1) 函数的解析式；

(2) $f(-3)$ 的值；

(3) 不等式 $f(x)-2>0$ 的解集.

8. 求下列函数的定义域.

$(1)\ y=4^{\frac{x}{x-1}}$；　　　$(2)\ y=\dfrac{x}{3^x-9}$；　　　$(3)\ y=\sqrt{\left(\dfrac{1}{4}\right)^x-2}$.

拓展训练

求函数 $y=\left(\dfrac{1}{3}\right)^x(x\geqslant -2)$ 的值域.

改错与反思

4.1.4　指数函数的实际应用举例

知识要点

1. 形如 $y=ka^x(a>0,$ 且 $a\neq1,$ $k\in\mathbf{R},$ 且 $k\neq0)$ 的函数称为指数型函数. 其中,当 $a>1$ 时,$y=ka^x$ 叫做指数增长模型;当 $0<a<1$ 时,$y=ka^x$ 叫做指数衰减模型.

2. 应用题的解题步骤:

实际问题 ──抽象概括→ 数学模型 ──推理演算→ 数学模型的解 ──回归实际→ 实际问题的解

基础训练

一、选择题

1. 某国 2018 年国内生产总值为 a 亿元,如果在未来 10 年内,平均每年按 8% 的增长率增长,预测该国 2028 年的国内生产总值为(　　).

A. $a(1+0.08)^{10}$ 亿元 　　　　　B. $a(1+0.08)^9$ 亿元

C. $a\,0.08^{10}$ 亿元 　　　　　D. $a\,0.08^9$ 亿元

2. 某城市去年(2017 年)人口数为 130 万,根据统计资料可知人口自然增长率为 1.2%,按照这个增长率,则 2021 年该城市预计人口将比今年增加(　　)万人.

A. $130\times(1+0.012)^4-130$ 　　　　　B. $130\times(1+0.012)^5-130$

C. $130\times(1+0.012)^4$ 　　　　　D. 130×0.012^4

3. 某种放射性物质,每经过一年剩留的质量约是原来的 a%,如果在 2015 年底此物质的质量为 100 g,那么到 2017 年年底,此种放射性物质的质量还剩(　　)g.

A. $100(1-a\%)^3$ 　　　　　B. $100a\%^3$

C. $100a\%^2$ 　　　　　D. $100(1-a\%)^2$

4. 某种细菌在培养过程中,每 20 分钟分裂一次(一个分裂为两个)经过 2 小时,这种细菌可由一个分裂成(　　)个.

A. 64　　　　　B. 31　　　　　C. 32　　　　　D. 63

二、填空题

5. 某地第一年水稻总产量为 500 万千克,根据经验知每年水稻总产量的增长率约为 0.1%,则预计第二年该地的水稻总产量为_____万千克.

6. 小红去年将父母给的压岁钱存入银行，今年到期后共取出本息共 4120 元，已知当年银行的年利率为 3%，则小红去年存入银行的压岁钱是_____元.

三、解答题

7. 按复利计算利息的一种储蓄，本金为 a 元，每期利率为 r，设本利和为 y(元)，存期为 x，写出本利和 y(元)随存期 x 变化的函数解析式. 如果存入本金 10000 元，每期利率为 2.5%，试计算 5 期后的本利和是多少.（精确到 1 元）

8. 一台价值 100 万元的新机床. 按每年 8% 的折旧率折旧，问 20 年后这台机床还值多少万元？（精确到 0.01 万元）

拓展训练

某企业原来每月消耗某种试剂若干千克，现进行技术革新，陆续使用价格较低的另一种材料替代该试剂，使得试剂的消耗量以平均每月 10% 的速度减少，已知第 3 个月该企业消耗此种试剂 729 kg，求该企业技术革新前，每月消耗试剂多少千克.（精确到 0.1 kg）

4.1.5　幂函数举例

知识要点

1. 幂函数定义：形如 $y=x^{\alpha}(\alpha\in\mathbf{R})$ 的函数叫做幂函数，其中 x 是自变量，α 是常数.

2. 幂函数性质：对于幂函数 $y=x^{\alpha}(\alpha\neq0)$，

(1) 其图像都通过定点 $(1，1)$，即 $x=1$ 时，$y=1$；

(2) 若 $\alpha>0$，则幂函数 $y=x^{\alpha}$ 在 $(0，+\infty)$ 上是增函数；若 $\alpha<0$，则幂函数 $y=x^{\alpha}$ 在 $(0，+\infty)$ 上是减函数.

基础训练

一、选择题

1. 下列函数不是幂函数的是（　　）.

A. $y=\sqrt{x}$　　B. $y=3^{x}$　　C. $y=x^{-0.4}$　　D. $y=\dfrac{1}{x}$

2. 幂函数 $y=x^{-2}$ 的定义域为（　　）.

A. $\{x|x\neq0\}$　　B. $\mathbf{R}$　　C. $\{x|x>0\}$　　D. $\{x|x<0\}$

3. 若幂函数 $y=x^{-\frac{1}{2}}$，则下列说法错误的是（　　）.

A. 图像一定过点 $(1，1)$　　B. 定义域为 $\mathbf{R}$

C. 图像一定在 x 轴的上方　　D. 在区间 $(0，+\infty)$ 上是减函数

4. 幂函数 $y=x^{\frac{2}{3}}$ 是（　　）.

A. 奇函数　　B. 非奇非偶函数

C. 偶函数　　D. 既是奇函数又是偶函数

二、填空题

5. 幂函数 $f(x)=x^{-\frac{3}{4}}$，则 $f(16)=$＿＿＿＿＿.

6. $y=\dfrac{1}{\sqrt[2]{x^{3}}}$ 是 $\alpha=$＿＿＿＿的幂函数，定义域为＿＿＿＿.

三、解答题

7. 已知幂函数 $y=f(x)$ 的图像过点 $P(-2，-8)$.

(1) 求此函数的解析式；

(2) 画出此函数的图像；

(3) 指出函数在区间 $(0，+\infty)$ 上的单调性；

(4) 求 $f(-3)$，$f(0.5)$，$f(0)$ 的值；

(5) 判断函数的奇偶性.

改错与反思

8. 比较下列各组数的大小.

(1) $\left(\dfrac{3}{4}\right)^{0.2}$ 和 $\left(\dfrac{1}{4}\right)^{0.2}$；

(2) $\left(\dfrac{5}{3}\right)^{-1.2}$ 和 $\left(\dfrac{4}{3}\right)^{-1.2}$.

拓展训练

幂函数 $y = ax^{m^2-1}$ 为 $(0, +\infty)$ 上的减函数，求 a，m 的取值范围.

改错与反思

§4.2 对数与对数函数

4.2.1 对数的概念及性质

知识要点

1. 指数式、对数式关系如下.

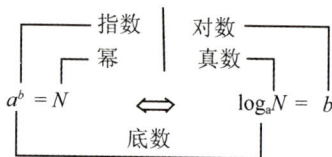

$$a^b = N \iff \log_a N = b$$

其中 $a^b = N$ 下方标注"底数"、上方标注"指数""幂";$\log_a N = b$ 上方标注"对数""真数".

2. 以 10 为底的对数叫做常用对数,$\log_{10} N$ 简记为 $\lg N$;以 e 为底的对数叫做自然对数,$\log_e N$ 简记为 $\ln N$.

3. 零和负数没有对数.

4. $\log_a 1 = 0$,$\log_a a = 1$,其中 $a > 0$ 且 $a \neq 1$.

基础训练

一、选择题

1. 在式子 $\log_5 125 = 3$ 中,125 叫( ).

    A. 底数   B. 指数   C. 真数   D. 对数

2. 对数式 $\log_5 \dfrac{1}{25} = -2$ 化成指数式为( ).

    A. $5^{\frac{1}{25}} = -2$ B. $\left(\dfrac{1}{25}\right)^{-2} = 5$

    C. $5^{-2} = \dfrac{1}{25}$ D. $5^{-2} = -\dfrac{1}{25}$

3. 指数式 $10^x = 2$ 化成对数式为( ).

    A. $\log_{10} x = 2$ B. $\log_2 x - 10$

    C. $\lg x = 2$ D. $\lg 2 = x$

4. 已知 $\log_a 16 = 2$,则 a 的值为( ).

    A. 2   B. 4   C. ± 4 D. 8

二、填空题

5. 式子 $\log_{10} N$ 中,N 的取值范围是_____.

6. 式子 $\ln 1 = 0$ 中,底数是_____.

三、解答题

7. 把下列指数式化成对数式.

(1)$3^5=243$;   (2)$5^{-3}=\dfrac{1}{125}$;   (3)$27^{-\frac{4}{3}}=\dfrac{1}{81}$;   (4)$10^a=20$.

8. 把下列对数式化成指数式.

(1)$\log_2\dfrac{1}{16}=-4$;   (2)$\log_{\frac{1}{2}}32=-5$;

(3)$\lg 0.001=-3$;   (4)$\ln 10\approx2.303$.

拓展训练

求下列各式的值.

(1)$\log_{12}12$;   (2)$\ln 1$;   (3)$\log_7 49$;   (4)$\log_2 16$;

(5)$\log_5\dfrac{1}{5}$;   (6)$\ln e^2$;   (7)$\lg 1000$;   (8)$\log_3\dfrac{1}{27}$.

改错与反思

4.2.2　积、商、幂的对数

知识要点

1. $\log_a MN = \log_a M + \log_a N$（$a>0$，且 $a \neq 1$，$M>0$，$N>0$）.

2. $\log_a \dfrac{M}{N} = \log_a M - \log_a N$（$a>0$，且 $a \neq 1$，$M>0$，$N>0$）.

3. $\log_a M^q = q \log_a M$（$a>0$，且 $a \neq 1$，$M>0$）.

4. $\log_a a^b = b$（$a>0$，且 $a \neq 1$）.

基础训练

一、选择题

1. 已知 $\log_3 x = 2$，$\log_3 y = 8$，那么 $\log_3 xy$ 等于（　　）.

   A. 16 　　　　　B. 10 　　　　　C. 4 　　　　　D. 3

2. 下列式子中，正确的是（　　）.

   A. $\lg \dfrac{8}{2} = \lg 8 - \lg 2$ 　　　　B. $\dfrac{\lg 8}{\lg 2} = \lg 8 - \lg 2$

   C. $\lg 8 - \lg 2 = \lg 6$ 　　　　D. $\dfrac{\lg 8}{\lg 2} = \lg(8-2)$

3. 计算 $\ln e^e$ 的值为（　　）.

   A. 0 　　　　　B. 1 　　　　　C. e^e 　　　　　D. e

4. 计算 $\lg 500 - \lg 50$ 等于（　　）.

   A. $\lg 450$ 　　　　B. 10 　　　　C. 1 　　　　D. 0

二、填空题

5. 已知 $\lg 3 = m$，$\lg 5 = n$，则 $\lg 45 = $ _____.

6. 计算 $\log_6 4 + \log_6 9 = $ _____.

三、解答题

7. 计算.

   (1) $\log_5 \sqrt{125}$；　　　　　　　　(2) $\log_{\frac{1}{3}} \sqrt[5]{27}$；

   (3) $\lg(100 \times \sqrt{10})$；　　　　　　(4) $\log_3 \dfrac{\sqrt{3}}{9}$；

（5）$\log_{12}18-2\log_{12}3+\log_{12}6$；　　　　（6）$\lg 5+2\lg 3-\lg \dfrac{9}{2}$.

改错与反思

8. 用 $\log_a x$，$\log_a y$，$\log_a z$ 表示下列各式.

（1）$\log_a(x^{-3}y^2z)$；　　　　　　　　（2）$\log_a\dfrac{x^2}{y\sqrt[3]{z}}$.

拓展训练

计算.

（1）$\log_2\sqrt{\sqrt{\sqrt 8}}$；　　　　　　　（2）$(\lg 2)^2+\lg 5\times\lg 20$.

改错与反思

4.2.3—4.2.4　换底公式、对数恒等式、利用科学计算器求对数值

知识要点

1. 换底公式.

$\log_a N = \dfrac{\log_c N}{\log_c a}$ $(a, c > 0, \text{且 } a, c \neq 1, N > 0)$.

特别地，$\log_a N = \dfrac{\lg N}{\lg a}$ $(a > 0, \text{且 } a \neq 1, N > 0)$.

2. 对数恒等式.

$a^{\log_a N} = N (a > 0, \text{且 } a \neq 1, N > 0)$.

基础训练

一、选择题

1. 下列等式成立的是(　　).

　A. $\log_3 8 = \lg 8 - \lg 3$ 　　　　　　B. $\log_3 8 = \dfrac{\log_2 8}{\log_2 3}$

　C. $\log_3 8 = \lg \dfrac{8}{3}$ 　　　　　　D. $\log_3 8 = \lg 3^8$

2. 计算 $e^{\ln 5} = ($　　$)$.

　A. e　　　　　B. 5　　　　　C. 1　　　　　D. 0

3. 计算 $\lg 4 \cdot \log_2 1000$ 的值为(　　).

　A. 2　　　　　B. 6　　　　　C. 200　　　　　D. 2000

4. $10^{(\quad)} = 3$.

　A. 3　　　　　B. $\sqrt[10]{3}$　　　　　C. $\log_3 10$　　　　　D. $\lg 3$

二、填空题

5. $\log_5 7 \cdot \log_7 5 = $ _____.

6. 已知 $\log_2 3 = a$，则 $\log_4 27$ 的值用 a 表示为_____.

三、解答题

7. 计算.

(1) $\log_4 5 \cdot \log_{25} 2$；　　　　　　　　(2) $\dfrac{\log_3 4}{\log_9 2}$；

(3)$100^{\lg 6}$;   (4)$6^{1-\log_6 3}$.

改错与反思

8. 用科学计算器计算(若结果是小数,则精确到 0.0001).

(1)$\lg 7$;   (2)$\ln 9$;   (3)$\log_3 5$;   (4)$\log_5 2$.

拓展训练

已知 $5^a=2$,$\log_5 3=b$.

(1)求 5^{2a-b} 的值;   (2)用 a,b 表示 $\lg 12$ 的值.

4.2.5　对数函数的图像和性质

知识要点

1. 形如 $y=\log_a x(a>1,$ 且 $a\neq 1)$ 的函数叫做对数函数.

2. 对数函数的图像和性质.

	$a>1$	$0<a<1$
图像		
性质	(1)定义域：$(0，+\infty)$	(1)定义域：$(0，+\infty)$
	(2)值域：**R**	(2)值域：**R**
	(3)过点$(1，0)$，即 $x=1$ 时，$y=0$	(3)过点$(1，0)$，即 $x=1$ 时，$y=0$
	(4)是$(0，+\infty)$上的增函数	(4)是$(0，+\infty)$上的减函数
	(5)当 $0<x<1$ 时，$y<0$； 当 $x>1$ 时，$y>0$	(5)当 $0<x<1$ 时，$y>0$； 当 $x>1$ 时，$y<0$

基础训练

一、选择题

1. 函数 $y=\lg(3-x)$ 的定义域为(　　).

　　A. $(0，+\infty)$　　B. $(3，+\infty)$　　C. $(-\infty，3)$　　D. $(-\infty，0)$

2. 已知 $\lg x<1$，则 x 的取值范围是(　　).

　　A. $(-\infty，10)$　　B. $(10，+\infty)$　　C. $(1，10)$　　D. $(0，10)$

3. 函数 $y=\log_a x(a>0,$ 且 $a\neq 1)$ 的图像必过定点(　　).

　　A. $(0，1)$　　　B. $(1，0)$　　　C. $(0，0)$　　　D. $(1，1)$

4. 已知函数 $y=\log_{|a|}x$ 在$(0，+\infty)$上是减函数，则 a 的取值范围是(　　).

　　A. $(0，1)$　　　　　　　　　B. $(1，+\infty)$

　　C. $(-1，1)$　　　　　　　　D. $(-1，0)\bigcup(0，1)$

二、填空题

5. 已知 $\log_a 0.6<0$，则 a 的取值范围是_____.

6. 函数 $y=\sqrt{\log_{\frac{4}{5}}x}$ 的定义域是_____.

三、解答题

7. 已知对数函数 $f(x)=\log_a x(a>0$，且 $a\neq1)$的图像过点$(81，4)$.

(1)求函数的解析式；

(2)求 $f(1)$，$f\left(\dfrac{1}{3}\right)$，$f(3)$，$f(\sqrt[3]{9})$；

(3)作出函数的图像；

(4)指出函数的单调区间和奇偶性.

改错与反思

8. 比较下列两个值的大小.

(1)$\log_{10}6$，$\log_{10}8$；

(2)$\log_{0.5}6$，$\log_{0.5}4$；

(3)$\log_{\frac{2}{3}}0.5$，$\log_{\frac{2}{3}}0.6$；

(4)$\log_{1.5}1.6$，$\log_{1.5}1.4$；

(5)$\ln\pi$，1；

(6)$\log_{0.3}\dfrac{2}{3}$，0.

拓展训练

求下列函数的定义域.

(1)$y=\ln(2x-x^2)$；

(2)$y=\dfrac{x}{1-\lg x}$；

(3)$y=\dfrac{x}{\sqrt{1+\log_{\frac{1}{4}}x}}$；

(4)$y=\sqrt{1-\lg(x-1)}$.

改错与反思

4.2.6 对数函数的实际应用举例

知识要点

解函数应用题的一般步骤:

(1)审题:理解题意,弄清问题中涉及的量以及量与量之间的关系.

(2)建模:根据题中的数量关系,建立相应的数学模型,本节主要是建立恰当的函数关系式,将实际问题转化为数学问题.

(3)解模:应用相应函数知识,解决转化了的数学问题.

(4)检验:回到应用问题,检验结果的实际意义,并作答.

基础训练

一、选择题

1. 某公司年产值 a 万元,计划从今年开始,年产值平均增长率为 p,那么,x 年后,该公司年产值为( )万元.

A. $a+ap^x$ B. $a+(1+p)^x$

C. $a(1-p)^x$ D. $a(1+p)^x$

2. 某种商品,原价 250 元/件,连续两次降价,现售价 160 元/件,则两次降价的平均百分率为( ).

A. 10%   B. 15%   C. 20%   D. 25%

3. 某种商品,2017 年提价 25%,2018 年欲恢复成原价,则应降价( ).

A. 30%   B. 25%   C. 20%   D. 15%

4. 某研究小组在一项实验中获得一组数据,将其整理得到如图所示的散点图,下列函数中,最能近似刻画 y 与 t 之间函数关系的是( ).

A. $y=2^t$ B. $y=t^3$

C. $y=\log_2 t$ D. $y=2t^2$

二、解答题

5. 某种产品销售利润 y(元)与广告支出费用 x(元)之间有关系式 $y = 10^{\frac{1}{2}\lg x + \lg 25}$. 试求当 x 分别取值 $x_1 = 100$，$x_2 = 156.25$，$x_3 = 169$ 时，所得利润分别是多少.

6. 1995 年我国人口总数约是 12 亿. 如果人口的自然年增长率控制在 1.25%，问哪一年我国人口总数超过 14 亿？

7. 里氏震级是目前表示地震规模大小的国际通用地震震级标准，它由观测点处地震仪所记录到的地震波水平向最大振幅 x(μm)的常用对数演算而来. 振幅越大表示地震强度(即地震时释放的能量)越大. 由于地震仪的位置一般并不在震中，考虑到地震波在传播过程中的衰减以及其他干扰因素，计算里氏震级 y 时，需减去观测点所在地的 0 级规模地震所应有的振幅 A_0(μm)的对数. 具体计算公式为 $y = \lg x - \lg A_0$.

日本 1923 年的地震是里氏 8.9 级，美国旧金山 1906 年的地震是里氏 8.3 级，试计算一下，日本 1923 年的地震是美国旧金山 1906 年地震强度的多少倍.

【注】里氏震级规定在距离震中 100 km 处的观测点，地震仪记录到的最大水平振幅为 1 μm 的地震，作为规模 0 级的地震.

改错与反思

第 4 章综合练习

一、选择题

1. 已知 $f(x)=8^x$，则 $f\left(\dfrac{2}{3}\right)=(\quad)$.

    A. 2　　　　　B. 4　　　　　C. $\dfrac{1}{2}$　　　　D. $\dfrac{1}{4}$

2. 下列各式中，结果等于 0 的是(　　).

    A. 7^0　　　　　B. lg 1　　　　C. $\log_8 0$　　　D. $\log_8 8$

3. 下列式子中正确的是(　　).

    A. $\sqrt{a}=a^{-2}$　　　　　　　　B. $\dfrac{\log_a x}{\log_a y}=\log_a \dfrac{x}{y}$

    C. $\log_a \sqrt{x}=\dfrac{1}{2}\log_a x$　　　　D. $\lg(x-y)=\dfrac{\lg x}{\lg y}$

4. 下列函数 $y=x^{-2.3}$，$y=3^{-x}$，$y=\lg x$，$y=\sqrt{x}$ 中，在区间 $(0,+\infty)$ 上是增函数的有(　　)个.

    A. 1　　　　　B. 2　　　　　C. 3　　　　　D. 4

二、填空题

5. 比较大小：$\left(\dfrac{3}{4}\right)^{-2.1}$ ＿＿＿＿＿ $\left(\dfrac{3}{4}\right)^{-3.1}$，$\ln \pi$ ＿＿＿＿＿ $\ln 3.14$.

6. 已知 $\log_{\frac{1}{2}} x=-3$，则 $x=$ ＿＿＿＿＿.

7. 不等式 $\log_2(1-x)<\log_2 4$ 的解集为＿＿＿＿＿.

三、解答题

8. 计算：$\left(-\dfrac{1}{2}\right)^{-1}+\log_{\sqrt{3}} 5 \cdot \log_{25} 9-25^{\log_5 2}+\lg \dfrac{2}{25}-3\lg 2$.

9. 求下列函数定义域.

(1) $y=\sqrt{1-\left(\dfrac{3}{5}\right)^{x-2}}$;

(2) $y=\log_{\frac{2}{3}}(1-x^2)$.

10. 某厂 2017 年的年产值为 1000 万元, 如果此厂的年产值平均每年增长 6%, 那么大约多少年后, 该厂的年产值可实现翻两番? (已知 lg 1.06≈0.025, lg 2≈0.30)

第 4 章检测题

（时间：40 分钟）

一、选择题（每小题 8 分，共 32 分）

1. 将 $\sqrt[3]{2\sqrt{2}}$ 化成分数指数幂是（　　）.

A. $2^{\frac{1}{5}}$　　　　B. $2^{-\frac{1}{5}}$　　　　C. $2^{\frac{1}{2}}$　　　　D. $2^{\frac{2}{3}}$

2. 若 $a^{\frac{1}{2}}=b\,(a>0$，且 $a\neq 1)$，则（　　）.

A. $\log_a \dfrac{1}{2}=b$　　　　　　　B. $2\log_a b=1$

C. $\log_{\frac{1}{2}} a=b$　　　　　　　D. $\log_{\frac{1}{2}} b=a$

3. 函数 $y=3^x$ 与 $y=3^{-x}$ 的图像关于（　　）对称.

A. 原点　　　　B. x 轴　　　　C. y 轴　　　　D. 直线 $y=x$

4. 若关于 x 的函数 $y=a^{x+b}$ 的图像如右图所示，则（　　）.

A. $0<a<1$，$b<0$　　　　　　B. $0<a<1$，$b>0$

C. $a>1$，$b<0$　　　　　　　D. $a>1$，$b>0$

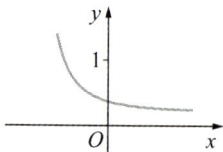

二、填空题（每小题 8 分，共 24 分）

5. 若 $\log_a 2>0$，则 a 的取值范围是_____.

6. 函数 $y=3+\log_a x\,(a>0$，且 $a\neq 1)$ 的图像过定点_____.

7. 函数 $y=2+a^x\,(a>0$，且 $a\neq 1)$ 的值域为_____.

三、解答题（每小题 11 分，共 44 分）

8. 计算：$(0.125)^{-\frac{2}{3}}-10^{\lg 5}+\log_5 4\cdot\log_2\sqrt{5}+2\log_6 2+\log_6 9$.

9. 求下列函数的定义域.

(1) $y=\dfrac{x}{\sqrt{1-5^x}}$；　　　　　　　　(2) $y=\sqrt{\log_{0.8}(x-1)}$.

10. 设在海拔高度 x m 处的大气压强是 y mmHg，y 与 x 的函数关系是 $y=Ce^{kx}$，这里 C，k 都是常量. 已知某地某天在海平面与海拔高度 1000 m 处的大气压强分别是 760 mmHg 及 675 mmHg，求在海拔高度600 m处的大气压强，并求大气压强是 720 mmHg 处的海拔高度. （精确到 0.001 m）

改错与反思

11. 设函数 $f(x)=3^{\log_a x}$ 的图像过点 $P\left(2,\dfrac{1}{3}\right)$.

(1)求实数 a 的值；

(2)当 $f(x)>1$ 时，求 x 的取值区间.

第5章 · 三角函数

改错与反思

§5.1 角的概念推广

5.1.1 角的概念推广

知识要点

1. 角的概念：角可以看作是平面内一条射线绕着它的端点，从一个位置旋转到另一个位置而形成的图形. 射线的端点叫做角的顶点，射线旋转的开始位置叫做角的始边，终止的位置叫做角的终边.

2. 正角、负角、零角：射线按逆时针方向旋转形成的角叫做正角. 射线按顺时针方向旋转形成的角叫做负角. 如果一条射线没有进行任何旋转，也把这条射线看成一个角，叫做零角.

3. 终边相同的角：与角 α 终边相同的角可以组成一个集合 $\{\beta \mid \beta = k \cdot 360° + \alpha,\ k \in \mathbf{Z}\}$.

基础训练

一、选择题

1. $135° + k \cdot 360°(k \in \mathbf{Z})$ 表示的角是（　　）.

    A. 第一象限角　　　　　　　B. 第二象限角

    C. 第三象限角　　　　　　　D. 第四象限角

2. 下列命题中正确的是（　　）.

    A. 终边在 y 轴非负半轴上的角是直角

    B. 第二象限角一定是钝角

C. 第四象限角一定是负角

D. 若 $\beta=\alpha+k\cdot360°(k\in\mathbf{Z})$，则 α 与 β 的终边相同

3. 与 120° 角终边相同的角是(　　).

　　A. $120°+k\cdot360°$，$k\in\mathbf{Z}$

　　B. $-120°+k\cdot360°$，$k\in\mathbf{Z}$

　　C. $120°+(2k+1)\cdot180°$，$k\in\mathbf{Z}$

　　D. $240°+k\cdot360°$，$k\in\mathbf{Z}$

4. 若将分针拨慢 5 分钟，则分针所转过的角度是(　　).

　　A. $60°$　　　　B. $-30°$　　　　C. $30°$　　　　D. $-60°$

二、填空题

5. 写出所有与 30° 角终边相同的角组成的集合：_____.

6. 写出终边在 y 轴上的角所组成的集合：_____.

三、解答题

7. 写出与下列角终边相同的角的集合，并把其中在 $0°\sim720°$ 范围内的角写出来.

　　(1)$60°$；　　　　(2)$-150°$；　　　　(3)$760°20'$.

8. 写出与 $-1050°$ 终边相同的最小正角.

拓展训练

设 α 为第二象限角，判断 $\dfrac{\alpha}{2}$ 的终边所在的象限.

改错与反思

5.1.2　弧度制

知识要点

1. 角度制：以度为单位来度量角的单位制叫做角度制.

2. 弧度制：我们规定，长度等于半径的圆弧所对的圆心角叫做 1 弧度的角，记作 1 rad. 这种以弧度为单位度量角的单位制叫做弧度制.

3. 角度与弧度互化：

$1° = \dfrac{\pi}{180}$ rad≈ 0.01745 rad.

1 rad$= \left(\dfrac{180}{\pi}\right)° \approx 57.30° = 57°18'$.

4. 弧长

弧长 $l = |\alpha| \, r$，扇形面积 $S = \dfrac{1}{2}lr$.

基础训练

一、选择题

1. 锐角的集合可以写作(　　).

A. $\left[0, \dfrac{\pi}{2}\right]$ 　　　　　　　　　　 B. $\left(0, \dfrac{\pi}{2}\right)$

C. $\left(-\infty, \dfrac{\pi}{2}\right)$ 　　　　　　　　 D. $(0, \pi)$

2. 角 $\dfrac{25}{3}\pi$ 为(　　).

A. 第一象限角　　　　　　　　 B. 第二象限角

C. 第三象限角　　　　　　　　 D. 第四象限角

3. 设半径为 2，圆心角 α 所对的弧长为 6，则 $|\alpha|$ 为(　　)弧度.

A. 12 　　　　 B. 3 　　　　 C. $\dfrac{1}{3}$ 　　　　 D. $\dfrac{1}{2}$

4. 用弧度制表示终边在 y 轴上的角的集合为(　　).

A. $\left\{\alpha \,\middle|\, \alpha = \dfrac{\pi}{2} + k\pi, \ k \in \mathbf{Z}\right\}$ 　　 B. $\{\alpha \,|\, \alpha = 90° + k\pi, \ k \in \mathbf{Z}\}$

C. $\{\alpha \,|\, \alpha = 0° + k\pi, \ k \in \mathbf{Z}\}$ 　　 D. $\{\alpha \,|\, \alpha = k\pi, \ k \in \mathbf{Z}\}$

二、填空题

5. 把下列角度化成弧度.

$60° =$ _____；　　$105° =$ _____.

6. 把下列弧度化成角度.

$\dfrac{\pi}{6} =$ _____; $-6\pi =$ _____.

三、解答题

7. 已知圆的半径为 0.5 m,求 3 rad 的圆心角所对的弧长.

8. 若扇形的圆心角为 $\dfrac{\pi}{3}$,半径为 10 cm,求此扇形的弧长和面积.

拓展训练

若 $\alpha \in \left(\dfrac{\pi}{2}, \pi \right)$,则 2α 是第几象限的角?

5.1.3 用计算器互化角度和弧度

基础训练

1. 用计算器把下列角度化成弧度(精确到 0.001).

(1)$33°$; (2)$98°25'$; (3)$-275°$ (4)$458°36'$;

(5)$-123°43'$ (6)$-678°15'$ (7)$-15°$; (8)$-36°$.

2. 用计算器把下列弧度化成角度(精确到 0.01,计算中 π 取 3.1415).

(1)33; (2)98.25; (3)-275; (4)458.36;

(5)-123.43; (6)-678.15; (7)-15; (8)$-\dfrac{11}{3}\pi$.

§5.2 任意角的三角函数

§5.2 任意角的三角函数

改错与反思

5.2.1 任意角的三角函数

知识要点

1. 设角 α 终边上任一点 $P(x，y)$，点 P 与原点 O 的距离为 r，则

$$\sin \alpha = \frac{y}{r}，\quad \cos \alpha = \frac{x}{r}，\quad \tan \alpha = \frac{y}{x}.$$

说明：当角 α 的终边不在 y 轴上时，$\tan \alpha$ 才有意义.

2. 我们把任意角的正弦函数、余弦函数和正切函数统称角的三角函数.

3. 三角函数值在各象限的符号.

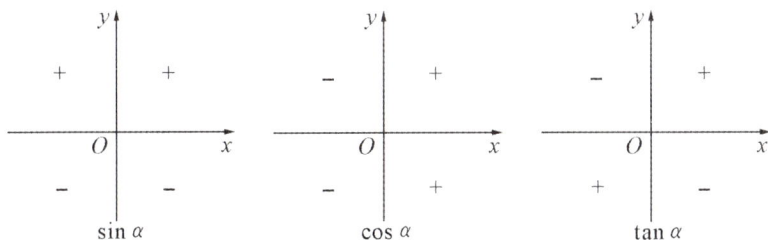

基础训练

一、选择题

1. 若角 α 的终边过点 $(\sqrt{3}，-1)$，则 $\sin \alpha$ 的值为（　　）.

A. $-\frac{\sqrt{3}}{2}$ 　　　B. $-\frac{1}{2}$ 　　　C. $\sqrt{3}$ 　　　D. $\frac{\sqrt{3}}{3}$

2. 若 $\sin \alpha > 0$，且 $\cos \alpha < 0$，则 α 的终边在第（　　）象限.

A. 一 　　　B. 二 　　　C. 三 　　　D. 四

3. 角 α 的顶点在原点，始边与 x 轴的正半轴重合，终边上点 P 的坐标为 $(-1，5)$，那么 $\cos \alpha$ 的值为（　　）.

A. $\pm\frac{\sqrt{26}}{26}$ 　　　B. $\frac{\sqrt{26}}{26}$ 　　　C. $-\frac{\sqrt{26}}{26}$ 　　　D. $-\frac{1}{5}$

4. 若 $\tan \alpha \cdot \cos \alpha > 0$，且 $\cos \alpha \cdot \sin \alpha < 0$，则 α 是（　　）.

A. 第一象限角 　　　　　　　B. 第二象限角

C. 第三象限角 　　　　　　　D. 第四象限角

改错与反思

二、填空题

5. 用"＞"或"＜"填空.

(1) $\cos 150°$ ＿＿＿＿ 0;　　　　　(2) $\sin 780°$ ＿＿＿＿ 0;

(3) $\tan \dfrac{3}{4}\pi$ ＿＿＿＿ 0;　　　　　(4) $\cos \dfrac{2}{3}\pi$ ＿＿＿＿ 0.

6. 若 α 的终边过点 $(2，-1)$，则 $\tan \alpha =$ ＿＿＿＿.

三、解答题

7. 已知角 α 的终边经过点 $P(-2，-3)$，求角 α 的正弦函数、余弦函数，正切函数的值.

8. 已知角 α 的终边经过点 $P(-4，3)$，求 $2\sin \alpha + \cos \alpha$ 的值.

拓展训练

设点 $P(m，3)$ 在角 α 的终边上，且 $\sin \alpha = \dfrac{3}{5}$，求 $\cos \alpha$ 和 $\tan \alpha$ 的值.

5.2.2 特殊角的三角函数值

改错与反思

知识要点

特殊角的三角函数值:

α	0°	30°	45°	60°	90°	180°	270°
α 的弧度数	0	$\frac{\pi}{6}$	$\frac{\pi}{4}$	$\frac{\pi}{3}$	$\frac{\pi}{2}$	π	$\frac{3\pi}{2}$
$\sin \alpha$	0	$\frac{1}{2}$	$\frac{\sqrt{2}}{2}$	$\frac{\sqrt{3}}{2}$	1	0	-1
$\cos \alpha$	1	$\frac{\sqrt{3}}{2}$	$\frac{\sqrt{2}}{2}$	$\frac{1}{2}$	0	-1	0
$\tan \alpha$	0	$\frac{\sqrt{3}}{3}$	1	$\sqrt{3}$	不存在	0	不存在

基础训练

一、选择题

1. $\sin 0° + \cos 0° + \tan 0° = ($ $)$.

   A. 0   B. 1   C. -1 D. 2

2. $\sin^2 \frac{\pi}{4} + \cos \frac{\pi}{3} - \sqrt{3} \tan \frac{\pi}{3} + \cos \frac{\pi}{2} = ($ $)$.

   A. -2 B. 1   C. $\sqrt{3}$ D. $-\sqrt{3} - 1$

3. $3\cos 0 + 2\sin \frac{\pi}{2} - 3\sin 0 - 2\cos \frac{\pi}{2} = ($ $)$.

   A. 5   B. 0   C. -5 D. 2

4. $\sin^4 \frac{\pi}{4} - \cos^2 \frac{\pi}{2} + 6\tan^3 \frac{\pi}{4} - \cos^2 \frac{\pi}{3} = ($ $)$.

   A. $\frac{26}{4}$ B. $\frac{25}{4}$ C. 4   D. 6

二、填空题

5. 填表.

α	30°	45°	60°
α 的弧度数			
$\sin \alpha$			
$\cos \alpha$			
$\tan \alpha$			

6．填表.

α	0°	90°	180°	270°
α 的弧度数				
$\sin \alpha$				
$\cos \alpha$				
$\tan \alpha$				

三、解答题

7．计算：$\sin 120°\cos 150°+\cos 30°\sin 60°+\tan 135°$.

8．计算：$\cos \dfrac{\pi}{6}+\cos \dfrac{5\pi}{6}+\cos \pi$.

拓展训练

设 $\tan \alpha=\sqrt{3}$，且 α 为第一象限角，求 $\sin \alpha$ 与 $\cos \alpha$.

5.2.3 利用科学计算器求三角函数值

改错与反思

基础训练

1. 先确定下列三角函数的符号，然后用计算器加以验证.

(1) $\sin 911°$；　　　　(2) $\sin(-810°)$；　　　　(3) $\cos \dfrac{16}{7}\pi$；

(4) $\cos 1106°$；　　　　(5) $\tan(-618°)$；　　　　(6) $\tan \dfrac{19}{8}\pi$.

2. 在区间 $\left[-\dfrac{\pi}{2}, \dfrac{\pi}{2}\right]$ 上，从小到大取五个不同的角 $-\dfrac{2\pi}{5}$，$-\dfrac{\pi}{5}$，$\dfrac{\pi}{7}$，$\dfrac{2\pi}{7}$，$\dfrac{3\pi}{7}$，分别用计算器求出它们的正弦函数值，并比较大小. 你能发现什么规律？

3. 在区间 $[0, \pi]$ 上，从小到大取五个不同的角 $\dfrac{\pi}{7}$，$\dfrac{\pi}{5}$，$\dfrac{2\pi}{7}$，$\dfrac{3\pi}{5}$，$\dfrac{5\pi}{7}$，分别用计算器求出它们的余弦函数值，并比较大小. 你能发现什么规律？

§5.3　三角函数基本公式

5.3.1　同角三角函数基本关系式

知识要点

同角三角函数的基本关系式：

(1)平方关系：$\sin^2\alpha + \cos^2\alpha = 1$；

(2)商数关系：$\tan\alpha = \dfrac{\sin\alpha}{\cos\alpha}$.

基础训练

一、选择题

1. 已知角 α 的终边上一点的坐标为 $\left(-\dfrac{1}{2}, -3\right)$，则 α 是(　　).

    A. 第一象限的角   B. 第二象限的角

    C. 第三象限的角   D. 第四象限的角

2. 已知 $\sin\alpha = -5\cos\alpha$，则 α 的终边在(　　).

    A. 第一象限   B. 第二象限

    C. 第一、三象限   D. 第二、四象限

3. 设 θ 是第二象限的角，则点 $P(\cos\theta, \tan\theta)$ 在(　　).

    A. 第一象限   B. 第二象限

    C. 第三象限   D. 第四象限

4. 设 $\sin\theta > 0$，$\tan\theta < 0$，则 $\sqrt{1-\sin^2\theta} = ($　　$)$.

    A. $\cos\theta$ B. $\tan\theta$ C. $-\cos\theta$ D. $\pm\cos\theta$

二、填空题

5. $\sin\alpha = \dfrac{1}{2}$，且 α 是第二象限的角，则 $\cos\alpha = $ _____ .

6. 已知 $\tan x = 3$，则 $\dfrac{\sin x - \cos x}{3\sin x + 4\cos x} = $ _____ .

三、解答题

7. 已知 $\cos\alpha = \dfrac{4}{5}$，且 α 是第四象限的角，求 $\sin\alpha$ 和 $\tan\alpha$.

8. 已知 $\tan \alpha = 3$，求 $\sin \alpha$，$\cos \alpha$.

拓展训练

已知 $\tan \alpha = \sqrt{5}$，用两种方法求 $\dfrac{\sin^2 \alpha - 2\sin \alpha \cos \alpha - \cos^2 \alpha}{4\cos^2 \alpha - 3\sin^2 \alpha}$ 的值.

改错与反思

5.3.2　诱导公式

知识要点

1. 根据口诀"函数名不变，符号看象限"理解、记忆和灵活运用诱导公式.

2. 以下初中锐角三角函数中的两个公式对任意角 α 也是成立的.

$\sin\left(\dfrac{\pi}{2}-\alpha\right)=\cos\alpha$；$\cos\left(\dfrac{\pi}{2}-\alpha\right)=\sin\alpha$.

基础训练

一、选择题

1. $\sin 750°=$（　　）.

　　A. $\dfrac{1}{2}$　　　　B. $-\dfrac{\sqrt{3}}{2}$　　　　C. $-\dfrac{1}{2}$　　　　D. $\dfrac{\sqrt{3}}{2}$

2. $\cos\dfrac{14\pi}{3}=$（　　）.

　　A. $\dfrac{1}{2}$　　　　B. $-\dfrac{1}{2}$　　　　C. $\dfrac{\sqrt{3}}{2}$　　　　D. $-\dfrac{\sqrt{3}}{2}$

3. $\tan 225°=$（　　）.

　　A. $\dfrac{1}{2}$　　　　B. 1　　　　C. -1　　　　D. $\dfrac{\sqrt{3}}{2}$

4. 下列各式中与 $\cos\alpha$ 相等的是（　　）.

　　A. $\cos(\pi-\alpha)$　　　　　　　　B. $\sin(2\pi-\alpha)$

　　C. $\sin\left(\dfrac{\pi}{2}-\alpha\right)$　　　　　　　D. $\cos\left(\dfrac{\pi}{2}-\alpha\right)$

二、填空题

5. $\sin^2 150°+2\sin 390°-\cos^2(-120°)+\tan(-60°)=$ _____.

6. $\sin\dfrac{25\pi}{3}+\cos\left(-\dfrac{17\pi}{4}\right)+\tan\left(-\dfrac{23\pi}{6}\right)=$ _____.

三、解答题

7. 化简：$\dfrac{\sin(2\pi-\alpha)\tan(\alpha+\pi)\tan(-\alpha-\pi)}{\cos(\pi-\alpha)\tan(3\pi-\alpha)}$.

8. 设 α 为第一象限角，且 $\cos\alpha=\dfrac{4}{5}$，求 $\dfrac{2\sin(\alpha-2\pi)-3\cos(-\alpha)}{4\sin(\alpha-5\pi)-8\cos(\alpha+3\pi)}$ 的值.

改错与反思

拓展训练

1. 求值：$\cos 1°+\cos 2°+\cos 3°+\cdots+\cos 179°+\cos 180°$.

2. 求证：$\dfrac{\cos(\pi-\alpha)}{\sin(-\pi+\alpha)}+\dfrac{\sin\left(\dfrac{\pi}{2}-\alpha\right)\tan(-\alpha)}{\cos(\pi+\alpha)}=\dfrac{1}{\sin\alpha\cos\alpha}$.

改错与反思

§5.4　正弦、余弦函数的图像和性质

5.4.1　正弦函数 $y = \sin x$ 的图像

知识要点

1. 对于函数 $f(x)$，若存在一个非零的常数 T，使得定义域内的任意一个 x，都满足 $f(x+T)=f(x)$，则称函数 $f(x)$ 为周期函数，非零常数 T 叫做这个函数的一个周期. 如果所有的周期中存在一个最小的正数，就称这个最小的正数为 $f(x)$ 的最小正周期. 一般所指的三角函数的周期，都是指函数的最小正周期.

2. $y=\sin x$ 的最小正周期是 2π.

3. 用"五点法"作正弦函数 $y=\sin x$ 的图像，关键的五个点如下：

$(0，0)，\quad \left(\dfrac{\pi}{2}，1\right)，\quad (\pi，0)，\quad \left(\dfrac{3\pi}{2}，-1\right)，\quad (2\pi，0).$

基础训练

一、选择题

1. $y=\sin x$ 的最小正周期为(　　).

A. $\dfrac{\pi}{2}$　　　　B. -2π　　　　C. 2π　　　　D. π

2. 函数 $y=\sin x$ 的一个单调增区间是(　　).

A. $\left(-\dfrac{\pi}{4}，\dfrac{\pi}{4}\right)$　　　　　　B. $\left(\dfrac{\pi}{2}，\dfrac{3\pi}{2}\right)$

C. $\left(-\dfrac{3\pi}{2}，-\pi\right)$　　　　　　D. $(\pi，2\pi)$

3. 已知函数 $y=f(x)$ 的图像如图所示，则 $f(x)$ 的(　　).

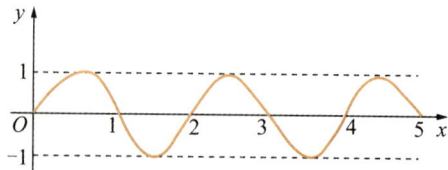

A. $T=1$，$y_{\max}=1$　　　　B. $T=2$，$y_{\max}=1$
C. $T=1$，$y_{\max}=-1$　　　　D. $T=2$，$y_{\max}=-1$

4. 要得到函数 $y=\sin\left(x-\dfrac{\pi}{3}\right)$ 的图像，只要将函数 $y=\sin\left(x+\dfrac{\pi}{3}\right)$ 的图像(　　).

A. 向左平移 $\dfrac{\pi}{3}$ 个单位　　　　B. 向左平移 $\dfrac{2\pi}{3}$ 个单位

C. 向右平移 $\dfrac{\pi}{3}$ 个单位　　　　D. 向右平移 $\dfrac{2\pi}{3}$ 个单位

改错与反思

二、填空题

5. 函数 $y=3\sin x+2$ 的周期是_____，最大值为_____.

6. 函数 $y=\sin x$ 的定义域为_____，值域为_____.

三、解答题

7. 用"五点法"作下列函数在区间 $[0,2\pi]$ 上的图像，并且说明这些函数的图像与正弦函数 $y=\sin x$ 的图像的区别和联系.

　　(1) $y=\sin 2x$；　　　　(2) $y=2\sin x$；　　　　(3) $y=\sin x+2$.

8. x 取何值时，函数 $y=\sin x-2$ 取得最大值和最小值？最大值、最小值各是多少？

拓展训练

用"五点法"作函数 $y=\sin\left(x+\dfrac{\pi}{3}\right)$ 在一个周期内的图像.

改错与反思

5.4.2 正弦函数 $y=\sin x$ 的性质

知识要点

正弦函数 $y=\sin x$ 的性质：

性质	$y=\sin x$
定义域	**R**
值域	$[-1，1]$
最值	当 $x=\dfrac{\pi}{2}+2k\pi(k\in \mathbf{Z})$ 时，$y_{\max}=1$； 当 $x=-\dfrac{\pi}{2}+2k\pi(k\in \mathbf{Z})$ 时，$y_{\min}=-1$
周期	$T=2\pi$
奇偶性	奇函数
单调性	在 $\left[-\dfrac{\pi}{2}+2k\pi，\dfrac{\pi}{2}+2k\pi\right](k\in \mathbf{Z})$ 上是增函数； 在 $\left[\dfrac{\pi}{2}+2k\pi，\dfrac{3\pi}{2}+2k\pi\right](k\in \mathbf{Z})$ 上是减函数

注：应熟悉函数的图像，来记忆函数的性质

基础训练

一、选择题

1. 下列函数中，最小正周期为 2π 的函数是(　　).

　　A. $y=\sin 2x$ 　　　　　　　　B. $y=\sin x$

　　C. $y=\sin 4x$ 　　　　　　　　D. $y=2\sin 3x$

2. 函数 $y=-3\sin x+2$ 的最大值是(　　).

　　A. -1 　　　B. 5 　　　C. 3 　　　D. -3

3. 函数 $y=\sin x$ 在 $[0，2\pi]$ 上取得最大值时 x 是(　　).

　　A. $\dfrac{\pi}{2}$ 　　　B. 0 　　　C. π 　　　D. 2π

4. 函数 $y=2\sin x+1$ 的最小正周期及值域分别是(　　).

　　A. π；$[-3，1]$ 　　　　　　B. 2π；$[-1，3]$

　　C. π；$[-1，3]$ 　　　　　　D. 2π；$[-3，1]$

二、填空题

5. 设 $\sin x=\dfrac{1}{2}a$，则 a 的取值范围是_____.

6. 函数 $y=2\sin x-1$ 的最小正周期是_____.

三、解答题

7. 不求值，比较下列各对正弦值的大小.

(1) $\sin\dfrac{12\pi}{13}$ 与 $\sin\dfrac{11\pi}{13}$；

(2) $\sin(-70°)$ 与 $\sin(-80°)$；

(3) $\sin\dfrac{11\pi}{3}$ 与 $\sin\dfrac{8\pi}{3}$；

(4) $\sin\left(-\dfrac{19\pi}{10}\right)$ 与 $\sin\left(-\dfrac{21\pi}{10}\right)$.

8. 求使下列函数取得最大值、最小值的 x 的值，并求出这个函数的最大值、最小值和周期.

(1) $y=-\dfrac{1}{2}\sin x$；

(2) $y=2\sin x-3$.

拓展训练

求函数 $y=\sqrt{\sin 4x}$ 的定义域.

改错与反思

5.4.3　余弦函数 $y=\cos x$ 的图像

知识要点

用"五点法"作余弦函数的图像，关键的五个点如下：

$(0，1)，\quad \left(\dfrac{\pi}{2}，0\right)，\quad (\pi，-1)，\quad \left(\dfrac{3\pi}{2}，0\right)，\quad (2\pi，1).$

基础训练

一、选择题

1. 下列函数图像经过点$(2\pi，-1)$的是（　　）.

 A. $y=\sin x$ B. $y=-\sin x$

 C. $y=\cos x$ D. $y=-\cos x$

2. 函数 $y=\cos x$ 是（　　）.

 A. 奇函数   B. 偶函数

 C. 既是奇函数又是偶函数   D. 非奇非偶函数

3. 函数 $y=-\cos x$ 的图像（　　）.

 A. 关于原点对称   B. 关于 x 轴对称

 C. 关于 y 轴对称   D. 关于坐标轴对称

4. 下列区间上使得函数 $y=\cos x$ 为减函数，且函数值为负数的是（　　）.

 A. $\left(0，\dfrac{\pi}{2}\right)$ B. $\left(\dfrac{\pi}{2}，\pi\right)$

 C. $\left(\pi，\dfrac{3\pi}{2}\right)$ D. $\left(\dfrac{3\pi}{2}，2\pi\right)$

二、填空题

5. 函数 $y=\cos x$ 的图像关于_____对称.

6. 函数 $y=\cos x$ 的定义域是_____.

三、解答题

7. 用"五点法"作出函数 $y=2\cos x$ 在区间$[0，2\pi]$上的简图.

8. 用"五点法"作出函数 $y=2-\cos x$ 在区间 $[0，2\pi]$ 上的简图.

拓展训练

用"五点法"作出下列函数在区间 $[0，2\pi]$ 上的图像，并说明这些函数的图像与余弦函数 $y=\cos x$ 的图像的区别和联系.

(1) $t=-\dfrac{2}{3}\cos x$;　　　　　　(2) $y=-2\cos x+2$.

5.4.4　余弦函数 $y=\cos x$ 的性质

知识要点

余弦函数 $y=\cos x$ 的性质：

性质	$y=\cos x$
定义域	**R**
值域	$[-1,1]$
最值	当 $x=2k\pi(k\in\mathbf{Z})$ 时，$y_{\max}=1$； 当 $x=(2k+1)\pi(k\in\mathbf{Z})$ 时，$y_{\min}=-1$
奇偶性	偶函数
单调性	在 $[2k\pi,2k\pi+\pi](k\in\mathbf{Z})$ 中的每一个区间上都是减函数； 在 $[2k\pi+\pi,2k\pi+2\pi](k\in\mathbf{Z})$ 中的每一个区间上都是增函数

基础训练

一、选择题

1. 下列函数中，最小正周期为 2π 的是（　　）.

   A. $y=\cos 2x$ B. $y=\cos x$

   C. $y=\cos 4x$ D. $y=4\cos 2x$

2. 函数 $y=-5\cos x+1$ 的最大值是（　　）.

   A. -4 B. 6 C. 4 D. -6

3. 函数 $y=\cos x$ 在 $[0,2\pi]$ 上取得最小值时的 x 是（　　）.

   A. $\dfrac{\pi}{2}$ B. 0 C. π D. 2π

4. 函数 $y=3\cos x-1$ 的最小正周期及值域分别是（　　）.

   A. π；$[-3,3]$ B. 2π；$[-4,2]$

   C. π；$[-4,2]$ D. 2π；$[-3,3]$

二、填空题

5. 设 $\cos x=2m$，则 m 的取值范围是_____.

6. 函数 $y=2\cos x$ 的最小正周期是_____.

三、解答题

7. 不求值，比较下列各对余弦值的大小.

   (1) $\cos\dfrac{5\pi}{7}$ 与 $\cos\dfrac{4\pi}{7}$；   (2) $\cos\left(-\dfrac{2\pi}{13}\right)$ 与 $\cos\left(-\dfrac{3\pi}{13}\right)$；

   (3) $\cos 155°$ 与 $\cos 160°$；   (4) $\cos(-78°)$ 与 $\cos(-80°)$.

8. 求使下列函数取得最大值、最小值的 x 的值，并求出这个函数的最大值、最小值和周期.

(1) $y = 2\cos x$；

(2) $y = -2\cos x + 2$.

拓展训练

1. 求函数 $y = \dfrac{1}{\cos x + 1}$ 的定义域.

2. 已知函数 $y = a + b\cos x (b < 0)$ 的最大值为 $\dfrac{3}{2}$，最小值是 $-\dfrac{1}{2}$，求 a，b 的值.

§5.5　已知三角函数值求指定范围的角

5.5.1　已知特殊角三角函数值求角

知识要点

已知三角函数 $f(x)=a$，求角 x 在指定范围内的角的步骤：

(1)根据三角函数值 a 的符号，判定角 x 终边所在的象限；

(2)求出满足函数 $f(x')=|a|$ 的锐角 x'；

(3)根据角 x 终边所在的象限和题目对角 x 的范围限制写出 x 的值.

基础训练

一、选择题

1. 已知 $\sin \alpha=\dfrac{\sqrt{3}}{2}$，若 $\alpha\in\left[0,\dfrac{\pi}{2}\right]$，则 $\alpha=($　　$)$.

　A. $\dfrac{\pi}{6}$ 　　　　B. $\dfrac{\pi}{3}$ 　　　　C. $-\dfrac{\pi}{6}$ 　　　　D. $-\dfrac{\pi}{3}$

2. 已知 $\cos \alpha=\dfrac{\sqrt{2}}{2}$，若 $\alpha\in[0,\pi]$，则 $\alpha=($　　$)$.

　A. $\dfrac{\pi}{4}$ 　　　　B. $-\dfrac{\pi}{4}$ 　　　　C. $\dfrac{\pi}{6}$ 　　　　D. $\dfrac{\pi}{3}$

3. 已知 $\sin \alpha=-\dfrac{1}{2}$，若 $\alpha\in[0,2\pi]$，则 $\alpha=($　　$)$.

　A. $-\dfrac{\pi}{6}$ 　　　　B. $\dfrac{7\pi}{6}$ 　　　　C. $\dfrac{7\pi}{6}$或$\dfrac{11\pi}{6}$ 　　　　D. $-\dfrac{\pi}{6}$或$\dfrac{7\pi}{6}$

4. 已知 $\cos \alpha=\dfrac{\sqrt{3}}{2}$，若 $\alpha\in[-\pi,\pi]$，则 $\alpha=($　　$)$.

　A. $-\dfrac{\pi}{6}$ 　　　　B. $\dfrac{\pi}{6}$ 　　　　C. $\dfrac{7\pi}{6}$或$-\dfrac{7\pi}{6}$ 　　　　D. $-\dfrac{\pi}{6}$或$\dfrac{\pi}{6}$

二、填空题

5. 已知 $\cos \alpha=\dfrac{1}{2}$，若 $\alpha\in[0,2\pi]$，则 $\alpha=$_____.

6. 已知 $\tan \alpha=-\dfrac{\sqrt{3}}{3}$，若 $\alpha\in[0,2\pi]$，则 $\alpha=$_____.

三、解答题

7. 已知 $\sin x=\dfrac{\sqrt{2}}{2}$，求 $0°\sim360°$ 范围内的角 x.

改错与反思

8. 已知 $\tan x = 1$，求区间 $[0，2\pi]$ 上的角 x.

拓展训练

已知 $\cos(\pi - x) = -\dfrac{1}{2}$，$x \in [0，2\pi]$，求满足条件的角 x 的集合.

改错与反思

5.5.2　已知任意角三角函数值求角

基础训练

借助计算器，求出下列指定范围的角（精确到 0.001）.

(1) $\sin \alpha = -\dfrac{1}{3}$，$\alpha \in \left[-\dfrac{\pi}{2},\ \dfrac{\pi}{2}\right]$；

(2) $\cos \alpha = -0.721$，$0° \leqslant \alpha \leqslant 360°$；

(3) $\cos \beta - \dfrac{4}{5} = 0$，$\beta \in [0,\ \pi]$；

(4) $\cos \beta = -0.2103$，$\beta \in [0,\ \pi]$；

(5) $\tan \gamma = -0.518$，$-90° \leqslant \gamma \leqslant 90°$；

(6) $\tan \gamma = -0.618$，$\gamma \in [0,\ \pi]$.

第 5 章综合练习

一、选择题

1. 与 30°角终边相同的角组成的集合 S 是（　　）.

    A. $\{x \mid x = k \cdot 180° + 30°, k \in \mathbf{Z}\}$

    B. $\{x \mid x = k \cdot 360° - 30°, k \in \mathbf{Z}\}$

    C. $\{x \mid x = k \cdot 180° - 30°, k \in \mathbf{Z}\}$

    D. $\{x \mid x = k \cdot 360° + 30°, k \in \mathbf{Z}\}$

2. 225°角的弧度数是（　　）.

    A. $\dfrac{7\pi}{4}$ B. $\dfrac{5\pi}{3}$ C. $\dfrac{5\pi}{4}$ D. $\dfrac{4\pi}{3}$

3. 已知 $\alpha = 140°$，那么角 2α 的终边落在（　　）.

    A. 第一象限   B. 第二象限   C. 第三象限   D. 第四象限

4. 利用诱导公式求得 $\tan\left(-\dfrac{\pi}{6}\right)$ 的值为（　　）.

    A. $-\sqrt{3}$ B. $\sqrt{3}$ C. $\dfrac{\sqrt{3}}{3}$ D. $-\dfrac{\sqrt{3}}{3}$

二、填空题

5. 化简 $\cos\alpha\tan\alpha = $ _____.

6. 设 $\tan\alpha = -2$，则 $\dfrac{2\sin\alpha + \cos\alpha}{\cos\alpha} = $ _____.

7. 函数 $y = 2\sin x + 3$ 的最小正周期 $T = $ _____，最小值 $y_{\min} = $ _____，最大值 $y_{\max} = $ _____.

三、解答题

8. 已知角 α 的终边经过点 $P(-1, 3)$，求 $\sin\alpha$，$\cos\alpha$，$\tan\alpha$ 的值.

9. 已知 $\sin\alpha=\dfrac{12}{13}$，$\alpha\in\left[0,\dfrac{\pi}{2}\right]$，求 $\cos(\pi+\alpha)$，$\tan(\pi-\alpha)$ 的值.

10. 已知 $y=-3\sin x$，$x\in[0,2\pi]$.

(1)作出函数的图像；

(2)求函数的最值及此时的 x 的值；

(3)指出函数的单调区间.

第 5 章检测题

（时间：40 分钟）

一、选择题（每小题 7 分，共 35 分）

1. 与 $60°$ 角终边相同的角组成的集合是（　　）.

   A. $\{x \mid x = k \cdot 180° - 60°, k \in \mathbf{Z}\}$

   B. $\{x \mid x = k \cdot 360° - 60°, k \in \mathbf{Z}\}$

   C. $\{x \mid x = k \cdot 180° + 60°, k \in \mathbf{Z}\}$

   D. $\{x \mid x = k \cdot 360° + 60°, k \in \mathbf{Z}\}$

2. $135°$ 角的弧度数是（　　）.

   A. $\dfrac{\pi}{4}$　　　　B. $\dfrac{3\pi}{4}$　　　　C. $-\dfrac{3\pi}{4}$　　　　D. $\dfrac{5\pi}{4}$

3. $\sin 1110°$ 的值是（　　）.

   A. $-\dfrac{1}{2}$　　　　B. $\pm\dfrac{1}{2}$　　　　C. $\dfrac{1}{2}$　　　　D. $-\dfrac{\sqrt{3}}{2}$

4. 设 $\sin\theta > 0$，且 $\tan\theta < 0$，则 θ 是（　　）.

   A. 第一象限角　　　　　　B. 第二象限角

   C. 第三象限角　　　　　　D. 第四象限角

5. 下列区间上使 $y = \sin x$ 和 $y = \cos x$ 都是增函数的是（　　）.

   A. $\left[0, \dfrac{\pi}{2}\right]$　　B. $\left[\dfrac{\pi}{2}, \pi\right]$　　C. $\left[\pi, \dfrac{3\pi}{2}\right]$　　D. $\left[\dfrac{3\pi}{2}, 2\pi\right]$

二、填空题（每小题 7 分，共 21 分）

6. 已知角 α 的终边上一点 $(-3, 4)$，那么 $\sin\alpha =$ _____.

7. 设 $\tan\alpha = 3$，则 $\dfrac{3\sin\alpha + \cos\alpha}{4\sin\alpha - 2\cos\alpha} =$ _____.

8. 函数 $y = 2 - \cos x$ 的最大值是 _____.

三、解答题（每小题 11 分，共 44 分）

9. 计算：$\tan 180° + 3\sin 270° - 3\cos 180° + \dfrac{1}{3}\tan^2 60° - \sin^2 30° - \tan 135°$.

改错与反思

10. 已知 $\sin \alpha = -\dfrac{3}{5}$，且 $\alpha \in \left[\dfrac{3\pi}{2}, 2\pi\right]$，求 $\cos \alpha$，$\tan \alpha$.

11. 求满足 $\cos 2x = -\dfrac{1}{2}(0° \leqslant x \leqslant 180°)$ 的角 x 的值.

12. 求证：$\dfrac{1+2\sin \alpha \cos \alpha}{\cos^2 \alpha - \sin^2 \alpha} = \dfrac{1+\tan \alpha}{1-\tan \alpha}$.

期末测试题（A 组）

（时间：90 分钟　满分：100 分）

一、选择题（每题 4 分，共 40 分）

1. 已知集合 $M=\{x\mid x=3n,\ n\in\mathbf{N}_+\}$，则下列各数属于集合 M 的是（　　）.

A. 2016　　　　B. 2017　　　　C. 2018　　　　D. 2020

2. 已知集合 $U=\{x\in\mathbf{N}\mid 0<x\leqslant 10\}$，$A=\{1,2,3,5,7\}$，$\complement_U A=$（　　）.

A. $\{2,4,6,8,10\}$　　　　　B. $\{1,4,6,8,10\}$

C. $\{0,2,4,6,8,9,10\}$　　　D. $\{4,6,8,9,10\}$

3. 集合 $\{x\mid 0<x\leqslant 4\}$ 用区间表示为（　　）.

A. $[0,4]$　　B. $(0,8]$　　C. $(0,4]$　　D. $[0,8]$

4. 不等式 $x^2+3x+2\geqslant 0$ 的解集用区间表示是（　　）.

A. $[1,2]$　　　　　　　　　B. $[-2,-1]$

C. $(-\infty,1]\cup[2,+\infty)$　　D. $(-\infty,-2]\cup[-1,+\infty)$

5. 函数 $f(x)=\dfrac{1}{x}$ 在 $(0,+\infty)$ 上是（　　）.

A. 增函数　　B. 减函数　　C. 奇函数　　D. 偶函数

6. 已知 $f(x)=\begin{cases}x+2&(x\leqslant -1),\\ x^2&(-1<x<2),\\ 2x&(x\geqslant 2),\end{cases}$ 则 $f\left(-\dfrac{1}{2}\right)=$（　　）.

A. 1.5　　　　B. -1　　　　C. 0.25　　　　D. -0.25

7. 若指数函数 $f(x)=a^x(a>0,$ 且 $a\neq 1)$ 的图像过点 $(3,64)$，则下列推断中正确的是（　　）.

A. 函数的解析式是 $y=3^x$　　　B. 函数的解析式是 $y=4^x$

C. 函数是减函数　　　　　　　D. 函数是偶函数

8. 对数函数 $f(x)=\log_a x(a>0,$ 且 $a\neq 1)$ 的图像过点 $(16,-2)$，下列推断中正确的是（　　）.

A. 函数的解析式是 $y=\log_4 x$　　B. 函数的解析式是 $y=\log_{\frac14}x$

C. 函数是增函数　　　　　　　　D. 函数是奇函数

9. 使函数 $y=-2\sin x-3$ 取得最小值的 x 的集合是（　　）.

A. $\{x\mid x=2k\pi,\ k\in\mathbf{Z}\}$　　　　B. $\left\{x\mid x=2k\pi+\dfrac{\pi}{2},\ k\in\mathbf{Z}\right\}$

C. $\{x\mid x=2k\pi+\pi,\ k\in\mathbf{Z}\}$　　D. $\left\{x\mid x=2k\pi+\dfrac{3\pi}{2},\ k\in\mathbf{Z}\right\}$

改错与反思

10. 使函数 $y=5\cos x-3$ 取得最小值的 x 的集合是( ).

A. $\{x\,|\,x=2k\pi,\ k\in \mathbf{Z}\}$

B. $\left\{x\,\left|\,x=2k\pi+\dfrac{\pi}{2},\ k\in \mathbf{Z}\right.\right\}$

C. $\{x\,|\,x=2k\pi+\pi,\ k\in \mathbf{Z}\}$

D. $\left\{x\,\left|\,x=2k\pi+\dfrac{3\pi}{2},\ k\in \mathbf{Z}\right.\right\}$

二、填空题（每题 4 分，共 20 分）

11. 已知全集 $S=\mathbf{R}$，$M=\{x\,|\,x\geqslant-3\}$，$N=\{x\,|\,x<3\}$，则 $\complement_S(M\cap N)=$_____.

12. 不等式 $|x+2|\geqslant 3$ 的解集是_____.

13. 函数 $y=(3-x)(2-x)$ 的定义域是_____，值域是_____.

14. 若 $f(x)$ 为定义域 D 内的奇函数，则它的图像关于_____对称；若 $f(x)$ 为定义域 D 内的偶函数，则它的图像关于_____对称.

15. 函数 $y=-2\sin x$，$x\in\left[-\dfrac{\pi}{2},\ \dfrac{3\pi}{2}\right]$ 的单调递增区间是_____.

三、解答题（16、17 题每题 5 分，18～22 题每题 6 分，共 40 分）

16. 计算：$\sin\dfrac{\pi}{6}-\sqrt{2}\sin\dfrac{\pi}{4}+\dfrac{4}{3}\cos^2\dfrac{\pi}{6}+\cos^2\dfrac{\pi}{3}+\cos\pi$.

17. 计算：$\lg\sqrt{27}+\lg 8-\lg\sqrt{1000}-\dfrac{3}{2}\lg 1.2$.

18. 比较大小：$\left(\dfrac{1}{3.14}\right)^{3.3}$ 与 $\left(\dfrac{1}{\pi}\right)^{3.3}$.

19. $x^2-2x<8$ 的解集是 A，$x^2-2x \geqslant 3$ 的解集是 B，用区间表示集合 $A \cap B$.

20. 用"五点法"作函数 $y=\dfrac{2}{5}\sin x$ 在区间 $[0，2\pi]$ 上的图像.

21. 设函数 $f(x)=\log_a(3x-1)$，$f(2)=2$，求实数 a 的值.

22. 某人设计了一个奖金 y（万元）与利润 x（万元）的函数关系式：$y=\log_2 x-3$，当 $x \in [16，64]$ 时，奖金数不会超过多少万元？奖金数不会少于多少万元？

期末测试题（B 组）

（时间：90 分钟　满分：100 分）

一、选择题（每题 4 分，共 40 分）

1. 已知集合 $M=\{x\,|\,x=4n+1,\ n\in \mathbf{N}_+\}$，则下列各数属于集合 M 的是（　　）．

　　A. 2016　　　　B. 2017　　　　C. 2018　　　　D. 2019

2. 已知集合 $U=\{0，1，2，3，4，5，6，7，8，9，10\}$，$A=\{1，3，5，7，9\}$，$\complement_U A=$（　　）．

　　A. $\{2，4，6，8，10\}$　　　　　　B. $\{1，4，6，8，10\}$

　　C. $\{0，2，4，6，8，10\}$　　　　D. $\{4，6，8，9，10\}$

3. 集合 $\{0\,|\,0<x\leqslant 8\}$ 用区间表示为（　　）．

　　A. $[0，4]$　　　B. $(0，8]$　　　C. $(0，4]$　　　D. $[0，8]$

4. 不等式 $x^2-x-2\leqslant 0$ 的解集用区间表示是（　　）．

　　A. $[-2，1]$　　　　　　　　　　B. $[-1，2]$

　　C. $(-\infty，1]\cup[2，+\infty)$　　　D. $(-\infty，-2]\cup[-1，+\infty)$

5. 函数 $f(x)=x^2-1$ 在 $\mathbf{R}$ 上是（　　）．

　　A. 增函数　　　B. 减函数　　　C. 奇函数　　　D. 偶函数

6. 已知 $f(x)=\begin{cases} x+2 & (x\leqslant -1)，\\ x^2 & (-1<x<2)，\\ 2x & (x\geqslant 2)，\end{cases}$ 则 $f(0)=$（　　）．

　　A. 2　　　　　　B. 0　　　　　　C. 1　　　　　　D. 3

7. 若指数函数 $f(x)=a^x(a>0$，且 $a\neq 1)$ 的图像过点 $(-2，16)$，则下列推断正确的是（　　）．

　　A. 函数的解析式是 $y=3^x$　　　B. 函数的解析式是 $y=4^x$

　　C. 函数是减函数　　　　　　　D. 函数是偶函数

8. 若对数函数 $f(x)=\log_a x(a>0$，且 $a\neq 1)$ 的图像过点 $\left(\dfrac{1}{9}，-2\right)$，则下列推断正确的是（　　）．

　　A. 函数的解析式是 $y=\log_4 x$　　　B. 函数的解析式是 $y=\log_{\frac{1}{4}} x$

　　C. 函数是增函数　　　　　　　　　D. 函数是奇函数

9. 使函数 $y=-2\cos x-3$ 取得最小值的 x 的集合是（　　）．

　　A. $\{x\,|\,x=2k\pi，k\in \mathbf{Z}\}$　　　　　B. $\left\{x\,\middle|\,x=2k\pi+\dfrac{\pi}{2}，k\in \mathbf{Z}\right\}$

　　C. $\{x\,|\,x=2k\pi+\pi，k\in \mathbf{Z}\}$　　　D. $\left\{x\,\middle|\,x=2k\pi+\dfrac{3\pi}{2}，k\in \mathbf{Z}\right\}$

10. 使函数 $y=5\sin x-3$ 取得最小值的 x 的集合是(   ).

    A. $\{x\,|\,x=2k\pi,\ k\in\mathbf{Z}\}$ B. $\left\{x\,\middle|\,x=2k\pi+\dfrac{\pi}{2},\ k\in\mathbf{Z}\right\}$

    C. $\{x\,|\,x=2k\pi+\pi,\ k\in\mathbf{Z}\}$ D. $\left\{x\,\middle|\,x=2k\pi+\dfrac{3\pi}{2},\ k\in\mathbf{Z}\right\}$

二、填空题（每题 4 分，共 20 分）

11. 已知全集 $S=\mathbf{R}$，$M=\{x\,|\,-3\leqslant x<3\}$，$P=\{x\,|\,x>-2\}$，则 $\complement_S(M\cup P)=$ _____.

12. 不等式 $|x-2|<3$ 的解集是 _____.

13. 函数 $y=\log_2(2x-1)$ 的定义域是 _____，值域 _____.

14. 函数 $y=2^{-x}$ 在 $(0,+\infty)$ 上是 _____（选填"增"或"减"）函数.

15. 函数 $y=\cos x-3$ 的单调递增区间是 _____.

三、解答题（16、17 题每题 5 分，18～22 题每题 6 分，共 40 分）

16. 计算：$\log_4 8-\log_{\frac{1}{9}}3-\log_{\sqrt{2}}4$.

17. 计算：$\left(2\dfrac{1}{4}\right)^{\frac{1}{2}}-(-0.67)^0-\left(3\dfrac{3}{8}\right)^{-\frac{2}{3}}+0.1^{-2}$.

18. 比较大小：$\sin 1190°$ 与 $\sin 1180°$.

改错与反思

19. 不等式 $x^2-x<30$ 的解集是 A，不等式 $3x+6\geqslant0$ 的解集是 B，用区间表示集合 $\complement_R(A\cap B)$.

20. 用"五点法"作函数 $y=4\sin x-1$ 在区间 $[-\pi, \pi]$ 上的图像.

21. 设函数 $f(x)=\log_a(2x+1)$，$f(2)=-\dfrac{1}{2}$，求实数 a 的值.

22. 某种产品按质量共分为 10 个档次，最低档次的产品每件利润 8 元，每提高一个档次每件利润增加 2 元，一天的工时可以生产最低档次的产品 60 件，提高一个档次将减少 3 件，问生产何种档次的产品获利最大？

答案或略解

第1章 集 合

§1.1 集合的概念

【基础训练】

一、选择题

1. C 2. B 3. C 4. D

二、填空题

5. (1)$\in$，$\notin$，$\notin$，$\notin$；(2)$\notin$，$\in$，$\notin$，$\notin$ 6. $\notin$

三、解答题

7. (1)能，有限集；(2)能，有限集；(3)不能；(4)能，空集 8. $a=-1$

【拓展训练】

(1)$a>1$；(2)$a=0$ 或 $a=1$

§1.2 集合的表示法

【基础训练】

一、选择题

1. C 2. B 3. C 4. A

二、填空题

5. (1)$\notin$，$\in$，$\in$；(2)$\notin$，$\in$

6. $\{x\,|\,x=2n,\,n\in \mathbf{Z}\}$

三、解答题

7. (1)列举法：$\{-3,\,-4\}$，描述法：$\{x\,|\,x^2+7x+12=0\}$；(2)列举

法：$\{1，2，3，4，5，6，7，8，9，10，11，12，13，14\}$，描述法：$\{x \mid x < 15 \text{ 且 } x \in \mathbf{N}^{*}\}$

8.(1)$\{-3，-2，-1，0，1，2，3，4\}$　(2)$\{x \mid 3 < x < 9\}$

【拓展训练】

1.$A = \{-9，-5，-3，-2，0，1，3，7\}$

2.$a = \dfrac{3}{5}$，$b = -\dfrac{14}{5}$

§1.3　集合之间的关系

【基础训练】

一、选择题

1.A　2.B　3.D　4.C

二、填空题

5.(1)$\subsetneqq$；(2)$\supsetneqq$；(3)$\subsetneqq$；(4)$\in$

6.③

三、解答题

7.$\{a\}$，$\{a，b\}$，$\{a，c\}$，$\{a，d\}$，$\{a，b，c\}$，$\{a，c，d\}$，$\{a，b，d\}$，$\{a，b，c，d\}$

8.$\{a \mid a \leqslant -2\}$

【拓展训练】

$a = -1$，$b = -2$

§1.4　集合的基本运算

1.4.1　交集

【基础训练】

一、选择题

1.C　2.D　3.B　4.C

二、填空题

5.$\{-1\}$

6.$\{x \mid 0 \leqslant x < 2\}$

三、解答题

7.(1)$A \cap C = \{6，8，9\}$，$B \cap C = \{8，9\}$；(2)$A \cap B \cap C = \{8，9\}$

8.$M \cap N = \{2\}$

【拓展训练】

$a = -1$ 或 $a = 2$

1.4.2 并集

【基础训练】

一、选择题

1. D 2. D 3. B 4. C

二、填空题

5. $\{0，1，2，3，4，5，6\}$

6. $\{0，1\}$

三、解答题

7. (1) $A \cup C = \{2，5，6，7，8，9\}$，$B \cup C = \{1，2，3，4，5，6，8，9\}$；
(2) $(A \cap B) \cup C = \{2，5，6，8，9\}$

8. $M \cap N = \{x \mid -1 \leqslant x < 0\}$，$M \cup N = \{x \mid -3 \leqslant x < 5\}$

【拓展训练】

$a \leqslant -1$

1.4.3 补集

【基础训练】

一、选择题

1. B 2. C 3. D 4. A

二、填空题

5. $\{1，2，4，6\}$

6. $\{x \mid x < -3$ 或 $x > 4\}$

三、解答题

7. (1) $\complement_U A = \{0，2，6，7，8\}$，$\complement_U B = \{0，1，3，4，5，7\}$；

(2) $\complement_U (A \cap B) = \{0，1，2，3，4，5，6，7，8\}$，$\complement_U (A \cup B) = \{0，7\}$

8. $A \cap B = \{3\}$，$A \cup B = \{x \mid -2 < x < 5\}$，$\complement_U (A \cap B) = \{x \mid -4 \leqslant x < 3$ 或 $3 < x \leqslant 6\}$，$\complement_U (A \cup B) = \{x \mid -4 \leqslant x \leqslant -2$ 或 $5 \leqslant x \leqslant 6\}$

【拓展训练】

$A = \{1，2，3，4，5\}$，$B = \{4，5，9，10\}$

§1.5 充分条件与必要条件

充分条件与必要条件(1)

【基础训练】

一、选择题

1. B 2. C 3. A 4. C

二、填空题

5. $\not\Rightarrow$

6. 必要

三、解答题

7. $(1)\,p\Rightarrow q$，$q\not\Rightarrow p$；$(2)\,p\Rightarrow q$，$q\not\Rightarrow p$

8. $(1)\,p$ 是 q 的充分条件，q 是 p 的必要条件；$(2)\,p$ 是 q 的必要条件，q 是 p 的充分条件

【拓展训练】

充分条件

充分条件与必要条件(2)

【基础训练】

一、选择题

1. C　2. B　3. B　4. C

二、填空题

5. 充分不必要

6. 充要

三、解答题

7. (1)必要；(2)充要；(3)充要

8. (1)$\triangle ABC$ 的内角都等于 $60°$；(2)$a=-2$ 且 $b=1$

【拓展训练】

略

第1章综合练习

一、选择题

1. B　2. C　3. B　4. A

二、填空题

5. $\{-1,\ -3\}$

6. $\{2,\ 4,\ 5,\ 6\}$

7. ②③

三、解答题

8. $(1)\{x\,|\,x\leqslant 10$ 且 $x\in \mathbf{N}\}$；$(2)\{(1,\ 1)\}$

9. $A\cap B=\{x\,|\,3<x<4\}$，$A\cup B=\{x\,|\,x>1\}$，$(\complement_U A)\cap(\complement_U B)=\{x\,|\,x\leqslant 1\}$

10. $x=5$，$A=\{4,\ 9\}$

第1章检测题

一、选择题

1. C　2. C　3. D　4. B

二、填空题

5. $\{1,3\}$

6. $\{x\mid x=9n,n\in \mathbf{Z}\}$

7. **R**

三、解答题

8. (1) $\complement_U A=\{1,3,5,6,7\}$；(2) $\complement_U(A\cap B)=\{1,2,3,5,6,7,8\}$

9. $A\cup B=\{x\mid x\geqslant 0\}$

10. $A\cap B=\{(3,2)\}$

11. $a=3$ 或 $a=-1$

第2章　不等式

§2.1　不等式的基本性质

【基础训练】

一、选择题

1. B　2. B　3. A　4. C

二、填空题

5. (1) $>$；(2) $<$

6. (1) $>$；(2) $>$

三、解答题

7. 解：∵$(x-4)(x+3)-(x-6)(x+5)=x^2-x-12-(x^2-x-30)=18>0$，∴$(x-4)(x+3)>(x-6)(x+5)$.

8. 解：∵$a=x^2-2x+1=(x-1)^2$，∴$\sqrt{a}=|x-1|$.

∵$b=x^2-6x+9=(x-3)^2$，∴$\sqrt{b}=|x-3|$.

∵$x>3$，∴$\sqrt{a}=x-1$，$\sqrt{b}=x-3$，

∴$\sqrt{a}-\sqrt{b}=x-1-(x-3)=2>0$，

∴$\sqrt{a}>\sqrt{b}$.

【拓展训练】

解：$\dfrac{a}{b}-\dfrac{a+m}{b+m}=\dfrac{ab+am-ab-bm}{b(b+m)}=\dfrac{m(a-b)}{b(b+m)}$，

$\because b < a < 0$，$m < 0$，

$\therefore m(a-b) < 0$，$b(b+m) > 0$，

$\therefore \dfrac{m(a-b)}{b(b+m)} < 0$，$\therefore \dfrac{a}{b} < \dfrac{a+m}{b+m}$.

§2.2　区间的概念

【基础训练】

一、选择题

1. B　2. C　3. A　4. C

二、填空题

5. $(-\infty,\ 1)$

6. $\subseteq$，$\supseteq$

三、解答题

7.（1）$[-3,\ 3]$；（2）$(-5,\ 5)$；（3）$(-\infty,\ -3) \cup [5,\ +\infty)$；

（4）$(-5,\ -3)$

8. 解：由不等式 $2(x-3) < 3x-2$ 得 $x > -4$，由不等式 $\dfrac{x-1}{2} \leqslant 4 - \dfrac{2x+3}{3}$ 得 $x \leqslant 3$，所以原不等式组的解集为 $\{x \mid -4 < x \leqslant 3\}$，用区间表示为 $(-4,\ 3]$.

【拓展训练】

$a \geqslant 5$，用区间表示为 $[5,\ +\infty)$.

§2.3　一元二次不等式

2.3.1　复习准备

【基础训练】

一、选择题

1. C　2. B　3. A　4. C

二、填空题

5. $x_1 = -7$，$x_2 = 1$

6. $\left\{ k \,\middle|\, k \geqslant -\dfrac{9}{4} \text{ 且 } k \neq 0 \right\}$

三、解答题

7.（1）$x_1 = -2$，$x_2 = 3$；（2）$x_1 = -\dfrac{1}{2}$，$x_2 = 1$.

8. 解：（1）函数 $y = -\dfrac{1}{2}(x+1)^2 - 1$ 的图像的开口向下，对称轴方程

为 $x=-1$，顶点坐标为 $(-1, -1)$，图像如图 1 所示.

函数 $y=-x^2+30x$ 的图像的开口向下，对称轴方程为 $x=15$，顶点坐标为 $(15, 225)$，图像如图 2 所示.

(2) 当 $x=-1$ 时，$y=-\dfrac{1}{2}(x+1)^2-1$ 有最大值，为 -1.

当 $x=15$ 时，$y=-x^2+30x$ 有最大值，为 225.

(3) 当 $x\in\mathbf{R}$ 时，$y=-\dfrac{1}{2}(x+1)^2-1\leqslant 0$.

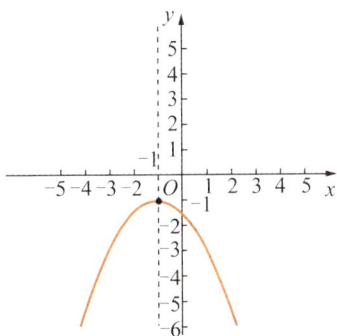

图 1

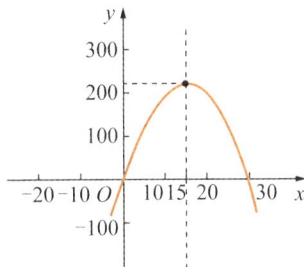

图 2

【拓展训练】

解：$\Delta=[2(a+1)]^2-4a^2=8a+4$，(1) 当 $\Delta>0$，即 $a>-\dfrac{1}{2}$ 时，方程有两个不相等的实数解；(2) 当 $\Delta=0$，即 $a=-\dfrac{1}{2}$ 时，方程有两个相等的实数解；(3) 当 $\Delta<0$，即 $a<-\dfrac{1}{2}$ 时，方程没有实数解.

2.3.2 一元二次不等式

【基础训练】

一、选择题

1. B 2. C 3. D 4. B

二、填空题

5. $x_1=-3$，$x_2=5$，$(-\infty, -3]\cup[5, +\infty)$

6. $\left(\dfrac{1}{3}, 2\right)$ 7. $[-4, 2]$

三、解答题

8. (1) $\{x\mid x\neq 1\}$；(2) $(-\infty, -2]\cup[-1, +\infty)$；(3) $\varnothing$；(4) $(-\infty, 1]\cup[2, +\infty)$；(5) $(1, 7)$；(6) $\mathbf{R}$

9. 解：(1) 由题意可知：-2 和 3 是关于 x 的方程 $x^2+ax+b=0$ 的两根，

由根与系数的关系可得 $-2+3=-a$，$(-2)\times 3=b$，

所以 $a=-1$，$b=-6$．

(2)由(1)知，不等式 $x^2-ax+b\geqslant 0$ 为 $x^2+x-6\geqslant 0$，

解得它的解集为 $\{x\mid x\leqslant -3$ 或 $x\geqslant 2\}$．

【拓展训练】

解：(1)当 $m=-2$ 时，x 取一切实数，不等式 $5>0$ 都成立，符合题意；

(2)当 $m\neq -2$ 时，由题意可知 $\begin{cases} m+2>0, \\ [-2(m+2)]^2-4\times 5(m+2)<0. \end{cases}$

即 $\begin{cases} m>-2, \\ 4(m+2)^2-20(m+2)<0, \end{cases}$ 解得 $-2<m<3$．

综上可知，m 的取值范围是 $[-2,3)$．

2.3.3 一元二次不等式的应用举例

【基础训练】

1. 产量 x 应达到的范围为 $(30，200)\mathrm{kg}$．

2. 与墙平行的栅栏的长度 x 的范围为 $[6，14]\mathrm{m}$．

3. 将每间客房的日租金定在 $[100，180]$ 元时，每天客房的总租金不低于 9000 元．

4. 该商品的售价定在 $[110，120]$ 元/件时，才能使每周的利润不少于 2400 元．

【拓展训练】

解：设横框的长度为 x m，则竖框的长度为 $\dfrac{240-20\cdot 4x}{30\times 2}$ m，

由题意得 $x\cdot\dfrac{240-20\cdot 4x}{30\times 2}\geqslant\dfrac{8}{3}$，解得 $1\leqslant x\leqslant 2$，

由上可知：当横框的长度范围定在 $[1，2]$ m 时，框架的面积不小于 $\dfrac{8}{3}$ m^2．

§2.4 含绝对值的不等式

【基础训练】

一、选择题

1. C　2. D　3. D　4. B

二、填空题

5. $\left\{x\left|-\dfrac{4}{3}\leqslant x\leqslant\dfrac{8}{3}\right.\right\}$

6. $\{x \mid -3 \leqslant x < 4\}$

三、解答题

7. (1)不等式的解集为 $\left\{x \mid \dfrac{4}{3} < x < 2\right\}$;

(2)不等式的解集为 $\left\{x \mid x \leqslant \dfrac{4}{3} \text{ 或 } x \geqslant 2\right\}$

8. 不等式组的解集为 $\{x \mid 2 \leqslant x < 3\}$

【拓展训练】

$\{x \mid -4 < x < -1 \text{ 或 } 3 < x < 5\}$

第 2 章综合练习

一、选择题

1. D 2. A 3. A 4. C

二、填空题

5. $(-\infty, 3]$

6. $(-\infty, 1) \bigcup (3, +\infty)$

7. $\{x \mid x \geqslant 3 \text{ 或 } x = -1\}$

三、解答题

8. (1)$\{x \mid -1 \leqslant x \leqslant 2\}$; (2)$\{x \mid x < 2 \text{ 或 } x > 8\}$; (3)$\{x \mid x < 1\}$;

(4)$\{3, 4, 5\}$

9. 解: (1)∵$y < 0$, ∴$x^2 - 2x - 8 < 0$, ∴$-2 < x < 4$.

(2)∵对任意实数 x, $y \geqslant (m+2)x - m - 15$ 均成立, ∴$x^2 - 2x - 8 \geqslant (m+2)x - m - 15$.

∴对任意实数 x, $x^2 - (m+4)x + m + 7 \geqslant 0$ 均成立.

∴$x^2 - (m+4)x + m + 7 = 0$ 时, $\Delta = (m+4)^2 - 4(m+7) \leqslant 0$, ∴$-6 \leqslant m \leqslant 2$.

∴实数 m 的取值范围为 $[-6, 2]$.

10. 解: 设销售单价为 x 元, 总利润为 W 元.

则 $W = (x-30)[40 - 1 \times (x-40)] = -x^2 + 110x - 2400$

$= -(x-55)^2 + 625$.

由 $\begin{cases} x - 30 > 0, \\ 40 - 1 \times (x-40) \geqslant 0, \end{cases}$ 得 $30 < x \leqslant 80$.

所以 $x = 55$ 时, $W_{\max} = 625$.

答: 商品的最佳价位应定在每个 55 元.

第 2 章检测题

一、选择题

1. C 2. A 3. B 4. C 5. A

二、填空题

6. $[-1,1]$,$(-3,2)$

7. $(-1,+\infty)$

8. $\{-1,0,1,2\}$

三、解答题

9. 解：由不等式 $(x-1)^2<4$ 得 $-1<x<3$,

由不等式 $|x+1|\geqslant 1$ 得 $x\leqslant -2$ 或 $x\geqslant 0$.

所以 $A\cap B=[0,3)$,$A\cup B=(-\infty,-2]\cup(-1,+\infty)$.

10. 解：由不等式 $|1-2x|<3$ 得 $-1<x<2$,

由不等式 $|x+b|<a$ 得 $-a-b<x<a-b$.

又因为 $A=B$,

所以 $\begin{cases} -a-b=-1, \\ a-b=2, \end{cases}$ 解得 $\begin{cases} a=\dfrac{3}{2}, \\ b=-\dfrac{1}{2}. \end{cases}$

所以 $4a-2b=4\times\dfrac{3}{2}-2\times\left(-\dfrac{1}{2}\right)=7$.

11. 解：由不等式 $x^2-2x-3\leqslant 0$ 得 $-1\leqslant x\leqslant 3$. 又因为 $A\cap B=\varnothing$, 所以 $a\geqslant 3$.

12. 解：由题可得 $x(120-x)-(500+30x)\geqslant 1300$,解得 $30\leqslant x\leqslant 60$. 故当该厂月销量 $x\in[30,60]$ 件,且 $x\in \mathbf{Z}$ 时,所得利润不少于 1300 元.

第3章 函　数

§3.1　函数的概念

3.1.1　函数的概念

【基础训练】

一、选择题

1. A　2. A　3. C　4. A

二、填空题

5. $\{4,1,-2,-5,-11\}$

6. $y=20-2x(5<x<10)$

三、解答题

7. (1) $y=6.5x+12$；(2)77 元

8. $a=-4$,$b=1$

【拓展训练】

1. 0,1　2. 5

3.1.2 函数的定义域

【基础训练】

一、选择题

　1. A　2. B　3. B　4. C

二、填空题

　5. $\{x \mid x \neq -1\}$ 或 $(-\infty, -1) \bigcup (-1, +\infty)$

　6. $\left\{x \mid x \geqslant \dfrac{2}{3}\right\}$

三、解答题

　7. $\left\{x \mid x \geqslant -2 \text{ 且 } x \neq \dfrac{1}{2}\right\}$

　8. $\{x \mid -2 < x < 1 \text{ 且 } x \neq -1\}$

【拓展训练】

　$\{x \mid -5 \leqslant x < 1 \text{ 且 } x \neq -1\}$

3.1.3 函数的三种表示法

【基础训练】

一、选择题

　1. D　2. C　3. B　4. B

二、填空题

　5. 解析法、列表法、图像法

　6. 列表

三、解答题

　7. 72 岁

　8.(1)李老师到离家最远的地方花了 3 h，此时离家 30 km.

　(2)李老师从 10:30 开始第一次休息，休息了 30 min.

　(3)李老师从离家最远的地方回到家用了 2 h，速度是 15 km/h

【拓展训练】

　(1) $y = 10x + 300 (x > 20$，且 $x \in \mathbf{Z})$；(2)840 元

3.1.4 分段函数

【基础训练】

一、选择题

　1. A　2. B　3. A　4. C

二、填空题

　5. -2

6. $\dfrac{8}{9}$

三、解答题

7. 解：由绝对值的概念，我们有 $y=\begin{cases} x, & x\geqslant 0, \\ -x, & x<0. \end{cases}$ 所以函数 $y=|x|$ 的图像如图所示.

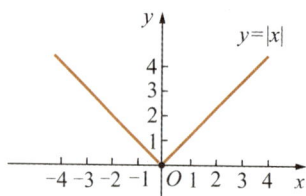

8. 解：因为 $f\left(\dfrac{1}{2}\right)=\left|\dfrac{1}{2}-1\right|-2=-\dfrac{3}{2}$，

所以 $f\left[f\left(\dfrac{1}{2}\right)\right]=f\left(-\dfrac{3}{2}\right)=\dfrac{1}{1+\left(-\dfrac{3}{2}\right)^2}=\dfrac{4}{13}$.

【拓展训练】

解：(1) $\because 5>4$，$\therefore f(5)=-5+2=-3$. $\because -3<0$，$\therefore f[f(5)]=$ $f(-3)=-3+4=1$.

$\because 0<1<4$，$\therefore f\{f[f(5)]\}=f(1)=1^2-2\times 1=-1$，即 $f\{f[f(5)]\}=-1$.

(2)

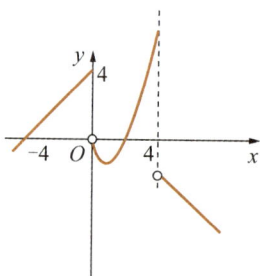

§3.2 函数的单调性

函数的单调性(1)

【基础训练】

一、选择题

1. C 2. B 3. C 4. B

二、填空题

5. $f(x_1)>f(x_2)$

6. $<$

三、解答题

7. 解：由图像可以看出，函数的增区间为 $[-2，1]$ 和 $[3，5]$，函数的减区间为 $[-5，-2]$ 和 $[1，3]$.

8. 证明：设 x_1，x_2 是 **R** 上的任意两个实数，且 $x_1<x_2$，则

$f(x_1)-f(x_2)=3(x_1-x_2)<0$，所以 $f(x_1)<f(x_2)$.

所以函数 $f(x)=3x+2$ 在 $(-\infty，+\infty)$ 上是增函数.

【拓展训练】

证明：设 x_1，x_2 是 $(0，+\infty)$ 上任意两个不相等的实数，且 $0<x_1<x_2$，则

$$f(x_2)-f(x_1)=\left(x_2-\frac{1}{x_2}\right)-\left(x_1-\frac{1}{x_1}\right)=(x_2-x_1)+\left(\frac{1}{x_1}-\frac{1}{x_2}\right)=(x_2-x_1)\left(1+\frac{1}{x_1x_2}\right)>0，$$ 即 $f(x_2)>f(x_1)$.

所以函数 $f(x)=x-\frac{1}{x}$ 在区间 $(0，+\infty)$ 上是增函数.

函数的单调性（2）

【基础训练】

一、选择题

1. C 2. A 3. B 4. C

二、填空题

5. 减

6. $\frac{1}{2}$

三、解答题

7. 图略，函数在区间 $(-\infty，+\infty)$ 上单调递增

8. $(-\infty，1)$

【拓展训练】

解：由题意得 $\begin{cases} x>-2x+8，\\ x\geqslant0，\\ -2x+8\geqslant0，\end{cases}$ 即 $\begin{cases} x>\frac{8}{3}，\\ x\geqslant0，\\ x\leqslant4.\end{cases}$ 所以 $\frac{8}{3}<x\leqslant4$，故不等式的解

集为 $\left(\frac{8}{3}，4\right]$.

§3.3 函数的奇偶性

函数的奇偶性(1)

【基础训练】

一、选择题

1. D 2. B 3. A 4. C

二、填空题

5. 0

6. $[0, +\infty)$

三、解答题

7. (1)偶函数；(2)奇函数；(3)奇函数；(4)偶函数

8. 解：$\because x \neq 0$，即函数的定义域为$\{x \mid x \neq 0\}$，$\therefore$函数的定义域关于原点对称.

又 $f(-x) = 2(-x) - \dfrac{1}{-x} = -2x + \dfrac{1}{x} = -\left(2x - \dfrac{1}{x}\right) = -f(x)$，

$\therefore$函数 $f(x)$ 为奇函数.

【拓展训练】

解：$\because f(x)$为奇函数，$\therefore f(-x) = -f(x)$，则 $f(2x-1) < -f(x)$可化为 $f(2x-1) < f(-x)$. 又 $f(x)$在 $\mathbf{R}$ 上是减函数，所以 $2x-1 > -x$，解得 $x > \dfrac{1}{3}$，$\therefore x$ 的取值范围为 $\left(\dfrac{1}{3}, +\infty\right)$.

函数的奇偶性(2)

【基础训练】

一、选择题

1. A 2. B 3. D 4. B

二、填空题

5. 减

6. 增

三、解答题

7. 略

8. $h(-2) = -6$

【拓展训练】

解：因为 $f(x)$是 $\mathbf{R}$ 上的偶函数，且在$(-\infty, 0)$上是增函数，

所以 $f(x)$在$(0, +\infty)$上是减函数，且 $f(-1) = f(1)$.

而 $1 \leqslant (a-1)^2 + 1 = a^2 - 2a + 2$，

所以 $f(1) \geqslant f(a^2 - 2a + 2)$.

即 $f(-1) \geqslant f(a^2 - 2a + 2)$.

§3.4 函数的实际应用举例

【基础训练】

一、选择题

1. B 2. C 3. C 4. A

二、填空题

5. $y = 10x(x \geqslant 0)$

6. $S = \dfrac{1}{2}x(40 - x)$

三、解答题

7. $y = -\dfrac{1}{4}x + 50$

8. 解：设窗户的高为 x m，则宽为 $\dfrac{8-2x}{3}$ m，$0 < x < 4$，

所以窗户的面积 $y = x \cdot \dfrac{8-2x}{3} = -\dfrac{2}{3}x^2 + \dfrac{8}{3}x = -\dfrac{2}{3}(x-2)^2 + \dfrac{8}{3}$.

当 $x = 2$ 时，$y_{最大值} = f(2) = \dfrac{8}{3}$，即高为 2 m，宽为 $\dfrac{8-2x}{3} = \dfrac{8-2\times 2}{3} =$

$\dfrac{4}{3}$ m 时，窗户的面积最大，且最大面积为 $\dfrac{8}{3}$ m^2.

【拓展训练】

解：由题意得每件商品的售价上涨 x 元时，

每件的售价为 $(60+x)$ 元，每个月销售量为 $(200-10x)$ 件，

则月销售利润 $y = (60+x-50)(200-10x)$

$$= -10x^2 + 100x + 2000 \quad (1 \leqslant x \leqslant 12，x \in \mathbf{Z})$$

$\because y = -10x^2 + 100x + 2000 = -10(x-5)^2 + 2250$，

$\therefore$ 当 $x = 5$ 时，$y_{最大值} = f(5) = 2250$.

即每件商品的售价定为 $60+x = 60+5 = 65$(元)时，每个月可获得最大利润，且最大利润为 2250 元.

第 3 章综合练习

一、选择题

1. B 2. D 3. B 4. A

二、填空题

5. -2

6. 2

7. $y=x^2$ 或 $y=x^2-1$(答案不唯一)

三、解答题

8. 提示：$y=|x|+1=\begin{cases}x+1, & x\geq 0, \\ -x+1, & x<0.\end{cases}$（图略）

9. 解：由题意得 $\begin{cases}3a+b=1, \\ -a+b+2a+b=7,\end{cases}$ 所以 $\begin{cases}a=-1, \\ b=4,\end{cases}$ 即 $f(x)=-x+4$.

故 $f(4)=-4+4=0$.

10. 解：(1)矩形一边长为 x m，则与其相邻的另一边长为 $\dfrac{12-2x}{2}=(6-x)$m，则面积 $y=x(6-x)=-x^2+6x(0<x<6)$.

(2)$y=-x^2+6x=-(x-3)^2+9$.

当 $x=3$ 时，即矩形广告牌设计为边长是 3 m 的正方形时，面积最大，最大面积为 9 m²，此时设计费用最多为 $9\times 1000=9000$(元).

第 3 章检测题

一、选择题

1. B　2. D　3. C　4. B

二、填空题

5. 2

6. -1

7. $[0, +\infty)$

三、解答题

8. 解：∵$f(x)$为奇函数，∴$f(-x)=-f(x)$，则 $f(2x-1)<-f(x)$ 可化为 $f(2x-1)<f(-x)$.

奇函数 $f(x)$ 在区间 $[0, +\infty)$ 上单调递增，则 $f(x)$ 在 $(-\infty, +\infty)$ 上也单调递增.

所以，$2x-1<-x$.

解得 $x<\dfrac{1}{3}$.

9. 解：(1)设二次函数的解析式为 $y=a(x+1)(x-3)(a\neq 0)$，

∵其图像过点(4，5)，

∴$a\times(4+1)\times(4-3)=5$. ∴$a=1$. ∴$y=(x+1)(x-3)=x^2-2x-3$.

即二次函数的解析式为 $y=x^2-2x-3$.

(2)∵$y=x^2-2x-3=(x-1)^2-4$，

∴当 $x=1$ 时，y 有最小值为 -4.

10. 解：(1) 矩形的宽 AB 为 x m，长 BC 为 $(24-3x)$ m，则 S 与 x 的函数关系式为 $S=x(24-3x)=-3x^2+24x\,(0<x<8)$.

(2) $S=-3x^2+24x=-3(x-4)^2+48$，

当 $x=4$ 时，S 有最大值为 48.

即当宽 AB 为 4 m 时，矩形 $ABCD$ 的面积最大，且最大面积为 48 m^2.

11. 解：(1) $\because x-2>0$，$\therefore x>2$，则集合 $A=\{x\mid x>2\}$.

$\because -x^2+2x+3\geqslant 0$，$\therefore -1\leqslant x\leqslant 3$，则集合 $B=\{x\mid -1\leqslant x\leqslant 3\}$.

$\therefore A\cap B=\{x\mid 2<x\leqslant 3\}$，$A\cup B=\{x\mid x\geqslant -1\}$.

(2) $\because C=\{x\mid x>p\}$，$C\subseteq A$，$\therefore p\geqslant 2$，即实数 p 的取值范围为 $[2，+\infty)$.

第 4 章　指数函数与对数函数

§4.1　指数与指数函数

4.1.1　有理数指数幂的概念

【基础训练】

一、选择题

1. B　2. A　3. D　4. B

二、填空题

5. $\dfrac{1}{9}$，8

6. $\dfrac{1}{\sqrt[3]{a^2}}$，$a^{\frac{4}{3}}$

三、解答题

7. 原式 $=2+4-4+1=3$

8. 原式 $=(4^3)^{\frac{1}{3}}\times\left[\left(\dfrac{4}{3}\right)^2\right]^{-\frac{1}{2}}=3$

【拓展训练】

原式 $=\left(\dfrac{3}{5}\right)^{\frac{2}{3}}\times\left(\dfrac{5}{3}\right)^{\frac{1}{4}}\times\left(\dfrac{3}{5}\right)^{-\frac{5}{12}}=\left(\dfrac{3}{5}\right)^{\frac{1}{4}}\times\left(\dfrac{5}{3}\right)^{\frac{1}{4}}=\left(\dfrac{3}{5}\times\dfrac{5}{3}\right)^{\frac{1}{4}}=1.$

4.1.2　实数指数幂及其运算性质

【基础训练】

一、选择题

1. A　2. D　3. A　4. D

二、填空题

5. $2a^6$

6. 1

三、解答题

7. (1)$5^{1.2} \approx 6.8986$；(2)$4^{\pi} \approx 77.8802$；(3)$8^{\sqrt{3}} \approx 36.6604$

8. (1)$0.14^{0.2} > 0.12^{0.2}$；(2)$3.14^{-4} < 3.12^{-4}$

【拓展训练】

(1)原式$= 2 \times 2^{\frac{1}{2}} \times 2^{\frac{1}{3}} \times 2^{\frac{2}{4}} = 2^{\frac{7}{3}}$；

(2)原式$= (ab^3)^{\frac{1}{2}} \cdot (a^2 b^4)^{\frac{1}{3}} \div (ab^3)^{\frac{1}{6}} = ab^{\frac{7}{3}}$

4.1.3 指数函数的图像和性质

【基础训练】

一、选择题

1. B 2. A 3. D 4. D

二、填空题

5. $>$，$>$

6. $0 < a < 1$

三、解答题

7. (1)$f(x) = \left(\dfrac{1}{2}\right)^x$；(2)$f(-3) = 8$；

(3)$\left(\dfrac{1}{2}\right)^x - 2 > 0 \Rightarrow \left(\dfrac{1}{2}\right)^x > \left(\dfrac{1}{2}\right)^{-1} \Rightarrow x < -1$

8. (1)$\{x \mid x \neq 1\}$；(2)$\{x \mid x \neq 2\}$；(3)$\left\{ x \mid x \leqslant -\dfrac{1}{2} \right\}$

【拓展训练】

当 $x \geqslant -2$ 时，$\left(\dfrac{1}{3}\right)^x \leqslant \left(\dfrac{1}{3}\right)^{-2}$，即 $y \leqslant 9$；又因为 $y > 0$，所以函数的值域是 $(0, 9]$.

4.1.4 指数函数的实际应用举例

【基础训练】

一、选择题

1. A 2. A 3. C 4. A

二、填空题

5. 500.5

6. 4000

三、解答题

7. 本利和 y(元)随存期 x 变化的函数解析式为 $y = a(1+r)^x$，

当 $a=10000$，$r=2.5\%$，$x=5$ 时，本利和 $y=11314$ 元.

8. 设 x 年后这台机床还值 y 万元. 由题意可得出 $y=100(1-8\%)^x$，当 $x=20$ 时，$y=100(1-8\%)^{20}\approx18.87$，即 20 年后这台机床还值 18.87 万元.

【拓展训练】

设技术革新前每月消耗试剂 x kg，则有 $729=x(1-10\%)^3$，解得 $x=1000$.

4.1.5 幂函数举例

【基础训练】

一、选择题

1. B 2. A 3. B 4. C

二、填空题

5. $\dfrac{1}{8}$

6. $-\dfrac{3}{2}$，$(0，+\infty)$

三、解答题

7.(1)$f(x)=x^3$；(2)图像略；(3)函数在区间$(0，+\infty)$上是增函数；(4)$f(-3)=-27$，$f(0.5)=0.125$，$f(0)=0$；(5)函数为奇函数

8.(1)$>$；(2)$<$

【拓展训练】

由幂函数定义知 $a=1$，$m^2-1<0\Rightarrow-1<m<1$.

§4.2 对数与对数函数

4.2.1 对数的概念及性质

【基础训练】

一、选择题

1. C 2. C 3. D 4. B

二、填空题

5. $(0，+\infty)$

6. e

三、解答题

7.(1)$\log_3 243=5$；(2)$\log_5\dfrac{1}{125}=-3$；(3)$\log_{27}\dfrac{1}{81}=-\dfrac{4}{3}$；(4)$\lg 20=a$

8.(1)$2^{-4}=\dfrac{1}{16}$；(2)$\left(\dfrac{1}{2}\right)^{-5}=32$；(3)$10^{-3}=0.001$；(4)$e^{2.303}\approx10$

【拓展训练】

(1)$\log_{12}12=1$；(2)$\ln 1=0$；(3)$\log_{7}49=2$；(4)$\log_{2}16=4$；

(5)$\log_{5}\dfrac{1}{5}=-1$；(6)$\ln e^2=2$；(7)$\lg 1000=3$；(8)$\log_{3}\dfrac{1}{27}=-3$

4.2.2 积、商、幂的对数

【基础训练】

一、选择题

1.B 2.A 3.D 4.C

二、填空题

5.$2m+n$

6.2

三、解答题

7.(1)$\log_{5}\sqrt{125}=\log_{5}5^{\frac{3}{2}}=\dfrac{3}{2}$；(2)$\log_{\frac{1}{3}}\sqrt[5]{27}=\log_{\frac{1}{3}}\left(\dfrac{1}{3}\right)^{-\frac{3}{5}}=-\dfrac{3}{5}$；

(3)$\lg(100\times\sqrt{10})=\lg 10^2+\lg 10^{\frac{1}{2}}=\dfrac{5}{2}$；

(4)$\log_{3}\dfrac{\sqrt{3}}{9}=\log_{3}3^{\frac{1}{2}}-\log_{3}3^2=-\dfrac{3}{2}$；

(5)原式$=\log_{12}18-\log_{12}3^2+\log_{12}6=\log_{12}(18\div 9\times 6)=\log_{12}12=1$；

(6)原式$=\lg 5+\lg 3^2-\lg\dfrac{9}{2}=\lg\left(5\times 9\div\dfrac{9}{2}\right)=\lg 10=1$

8.(1)$-3\log_{a}x+2\log_{a}y+\log_{a}z$；(2)$2\log_{a}x-\log_{a}y-\dfrac{1}{3}\log_{a}z$

【拓展训练】

(1)$\log_{2}\sqrt{\sqrt{\sqrt{8}}}=\log_{2}2^{\frac{3}{8}}=\dfrac{3}{8}$；

(2)原式$=(\lg 2)^2+\lg 5(\lg 2+\lg 10)=(\lg 2)^2+\lg 5\cdot\lg 2+\lg 5$

$=\lg 2(\lg 2+\lg 5)+\lg 5=1$

4.2.3—4.2.4 换底公式、对数恒等式、利用科学计算器求对数值

【基础训练】

一、选择题

1.B 2.B 3.B 4.D

二、填空题

5.1

6.$\dfrac{3}{2}a$

三、解答题

7.（1）$\log_4 5 \cdot \log_{25} 2 = \dfrac{\lg 5}{\lg 4} \times \dfrac{\lg 2}{\lg 25} = \dfrac{\lg 5}{2\lg 2} \times \dfrac{\lg 2}{2\lg 5} = \dfrac{1}{4}$；

（2）$\dfrac{\log_3 4}{\log_9 2} = \dfrac{\lg 4}{\lg 3} \div \dfrac{\lg 2}{\lg 9} = \dfrac{2\lg 2}{\lg 3} \times \dfrac{2\lg 3}{\lg 2} = 4$；

（3）$100^{\lg 6} = (10^2)^{\lg 6} = (10^{\lg 6})^2 = 6^2 = 36$；

（4）$6^{1-\log_6 3} = 6^1 \div 6^{\log_6 3} = 6 \div 3 = 2$

8.（1）$\lg 7 \approx 0.8451$；（2）$\ln 9 \approx 2.1972$；（3）$\log_3 5 \approx 1.4650$；（4）$\log_5 2 \approx 0.4307$

【拓展训练】

解：由已知 $5^a = 2$，$\log_5 3 = b$ 可得 $\log_5 2 = a$，$5^b = 3$，有

（1）$5^{2a-b} = (5^a)^2 \div 5^b = 2^2 \div 3 = \dfrac{4}{3}$；

（2）$\lg 12 = \dfrac{\log_5 12}{\log_5 10} = \dfrac{2\log_5 2 + \log_5 3}{\log_5 5 + \log_5 2} = \dfrac{2a+b}{1+a}$.

4.2.5　对数函数的图像和性质

【基础训练】

一、选择题

1. C　2. D　3. B　4. D

二、填空题

5. $a > 1$

6.（0，1］

三、解答题

7.（1）$y = \log_3 x$；（2）$f(1) = 0$；$f\left(\dfrac{1}{3}\right) = -1$；$f(3) = 1$；$f(\sqrt[3]{9}) = \dfrac{2}{3}$；

（3）图像如右图；

（4）（0，$+\infty$）为单调递增区间，函数为

非奇非偶函数

8.（1）＜；（2）＜；（3）＞；（4）＞；

（5）＞；（6）＞

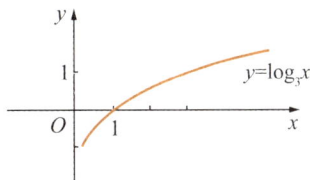

【拓展训练】

（1）$2x - x^2 > 0 \Rightarrow 0 < x < 2$. 定义域为（0，2）.

（2）$\begin{cases} x > 0, \\ 1 - \lg x \neq 0, \end{cases} \Rightarrow \begin{cases} x > 0, \\ x \neq 10. \end{cases}$　定义域为 $\{x \mid x > 0$，且 $x \neq 10\}$.

（3）$\begin{cases} x > 0, \\ 1 + \log_{\frac{1}{4}} x > 0, \end{cases} \Rightarrow \begin{cases} x > 0, \\ x < 4. \end{cases}$　定义域为（0，4）.

（4）$\begin{cases} x - 1 > 0, \\ 1 - \lg(x-1) \geq 0, \end{cases} \Rightarrow \begin{cases} x > 1, \\ x \leq 11. \end{cases}$　定义域为（1，11］.

4.2.6 对数函数的实际应用举例

【基础训练】

一、选择题

1. D 2. C 3. C 4. C

二、解答题

5. $x=100$ 元时，利润 $y=250$ 元；$x=156.25$ 元时，利润 $y=312.5$ 元；$x=169$ 元时，利润 $y=325$ 元.

6. 设 x 年后，人口总数达到 14 亿，

依题意有 $12(1+0.0125)^x=14$，即 $1.0125^x=\dfrac{7}{6}$.

两边取对数有 $x\lg 1.0125=\lg 7-\lg 6$，$x=\dfrac{\lg 7-\lg 6}{\lg 1.0125}\approx12.4$.

所以，13 年后，即 2008 年，人口总数超过 14 亿.

7. 由 $y=\lg x-\lg A_0=\lg \dfrac{x}{A_0}$ 可得 $\dfrac{x}{A_0}=10^y$，即 $x=A_0 10^y$.

当 $y=8.9$ 时，$x=A_0 10^{8.9}$；当 $y=8.3$ 时，$x=A_0 10^{8.3}$.

所以，用计算器计算得 $\dfrac{A_0 10^{8.9}}{A_0 10^{8.3}}=10^{0.6}\approx3.98$.

这说明，里氏 8.9 级地震比里氏 8.3 级地震的级别仅高 0.6 级，但其最大振幅却相差约 3.98 倍，也就是说，其地震强度相差约 3.98 倍. 由此可见，8.9 级地震比 8.3 级地震的破坏力要大得多.

第 4 章综合练习

一、选择题

1. B 2. B 3. C 4. B

二、填空题

5. $<$，$>$

6. 8

7. $(-3，1)$

三、解答题

8. 原式 $=-2+\dfrac{\lg 5}{\lg \sqrt{3}}\times\dfrac{\lg 9}{\lg 25}-5^{2\log_5 2}+\lg\left(\dfrac{2}{25}\div 8\right)=-2+2-4+(-2)=-6$

9. (1) $[2，+\infty)$；(2) $(-1，1)$

10. 设 x 年后该厂的年产值翻两番，

则由题意得 $1000(1+6\%)^x=4000$，两边取常用对数，解得 $x=\dfrac{2\lg 2}{\lg 1.06}\approx\dfrac{0.60}{0.025}=24$.

即 24 年后该厂的年产值可实现翻两番.

第 4 章检测题

一、选择题

1. C 2. B 3. C 4. B

二、填空题

5. $a > 1$

6. $(1, 3)$

7. $(2, +\infty)$

三、解答题

8. 原式 $= (2^{-3})^{-\frac{2}{3}} - 5 + \dfrac{\lg 4}{\lg 5} \cdot \dfrac{\lg \sqrt{5}}{\lg 2} + \log_6 (4 \times 9) = 2$

9. (1) $1 - 5^x > 0 \Rightarrow x < 0$. 定义域为 $(-\infty, 0)$.

(2) $\begin{cases} x - 1 > 0, \\ \log_{0.8}(x-1) \geqslant 0, \end{cases} \Rightarrow \begin{cases} x > 1, \\ x \leqslant 2. \end{cases}$ 定义域为 $(1, 2]$

10. 将 $x = 0$，$y = 760$；$x = 1000$，$y = 675$ 分别代入函数式 $y = Ce^{kx}$ 得

$\begin{cases} 760 = Ce^{k \cdot 0}, \\ 675 = Ce^{1000k}. \end{cases} \Rightarrow \begin{cases} C = 760, \\ 675 = 760e^{1000k} \end{cases} \Rightarrow k \approx -1.186 \times 10^{-4}.$

所以，$y = 760e^{-1.186 \times 10^{-4} x}$.

当 $x = 600$ 时，$y = 760e^{-1.186 \times 10^{-4} \times 600} \approx 707.798$；

当 $y = 720$ 时，由 $720 = 760e^{-1.186 \times 10^{-4} x}$，解得 $x \approx 455.879$.

故在海拔高度 600 m 处，大气压强约为 707.798 mmHg，大气压强是 720 mmHg 处的海拔高度约为 455.879 m.

11. (1) $a = \dfrac{1}{2}$；(2) $f(x) > 1 \Rightarrow 3^{\log_{\frac{1}{2}} x} > 3^0 \Rightarrow \log_{\frac{1}{2}} x > 0 \Rightarrow 0 < x < 1$

第 5 章　三角函数

§5.1　角的概念推广

5.1.1　角的概念推广

【基础训练】

一、选择题

1. B 2. D 3. A 4. C

二、填空题

5. $\{\alpha \mid \alpha = 30° + k \cdot 360°, k \in \mathbf{Z}\}$

6. $\{\alpha \mid \alpha = 90° + k \cdot 180°, k \in \mathbf{Z}\}$

三、解答题

7. (1) $\{\alpha \mid \alpha = 60° + k \cdot 360°, k \in \mathbf{Z}\}$，$420°$；(2) $\{\alpha \mid \alpha = -150° + k \cdot 360°,$ $k \in \mathbf{Z}\}$，$210°$，$570°$；(3) $\{\alpha \mid \alpha = 760°20' + k \cdot 360°, k \in \mathbf{Z}\}$，$400°$ $20'$，$40°20'$

8. $30°$

【拓展训练】

由 $\dfrac{\pi}{2} + 2k\pi < \alpha < \pi + 2k\pi$，$k \in \mathbf{Z}$，得 $\dfrac{\pi}{4} + k\pi < \dfrac{\alpha}{2} < \dfrac{\pi}{2} + k\pi$，$k \in \mathbf{Z}$，则 $\dfrac{\alpha}{2}$ 的终边在第一、三象限.

5.1.2 弧度制

【基础训练】

一、选择题

1. B　2. A　3. B　4. A

二、填空题

5. $\dfrac{\pi}{3}$，$\dfrac{7\pi}{12}$

6. $30°$，$-1080°$

三、解答题

7. 1.5 m

8. $l = \dfrac{10\pi}{3}$ cm，$S = \dfrac{50\pi}{3}$ cm²

【拓展训练】

$\alpha \in \left(\dfrac{\pi}{2}, \pi\right)$，$2\alpha \in (\pi, 2\pi)$ 是第三、四象限的角或 $\dfrac{3\pi}{2}$.

5.1.3 用计算器互化角度和弧度

【基础训练】

1. (1) 0.576；(2) 1.718；(3) -4.800；(4) 8.004；(5) -2.159；(6) -11.838；(7) -0.262；(8) -0.628

2. (1) 1890.82°；(2) 5629.48°；(3) -15756.80°；(4) 26262.87°；(5) -7072.23°；(6) 38856.28°；(7) -859.46°；(8) -660°.

§5.2 任意角的三角函数

5.2.1 任意角的三角函数

【基础训练】

一、选择题

1.B　2.B　3.C　4.B

二、填空题

5.(1)<；(2)>；(3)<；(4)<

6.$-\dfrac{1}{2}$

三、解答题

7.$\sin \alpha=-\dfrac{3\sqrt{13}}{13}$，$\cos \alpha=-\dfrac{2\sqrt{13}}{13}$，$\tan \alpha=\dfrac{3}{2}$

8.$\dfrac{2}{5}$

【拓展训练】

解：$r=\sqrt{m^2+9}$，$\sin \alpha=\dfrac{y}{r}=\dfrac{3}{\sqrt{m^2+9}}=\dfrac{3}{5}$，$m=\pm 4$，$r=5$. 当 $m=4$

时，$\cos \alpha=\dfrac{4}{5}$，$\tan \alpha=\dfrac{3}{4}$；当 $m=-4$ 时，$\cos \alpha=-\dfrac{4}{5}$，$\tan \alpha=-\dfrac{3}{4}$.

5.2.2 特殊角的三角函数值

【基础训练】

一、选择题

1.B　2.A　3.A　4.D

二、填空题

5.略

6.略

三、解答题

7.-1

8.-1

【拓展训练】

解：由 $\tan \alpha=\sqrt{3}$，且 α 为第一象限角，$\alpha=\dfrac{\pi}{3}+2k\pi$，$k\in \mathbf{Z}$，则 $\sin \alpha$

$=\dfrac{\sqrt{3}}{2}$，$\cos \alpha=\dfrac{1}{2}$

5.2.3 利用科学计算器求三角函数值

【基础训练】

1.（1）负；（2）负；（3）正；（4）正；（5）负；（6）正

2. $\sin\left(-\dfrac{2\pi}{5}\right)=-0.9511<\sin\left(-\dfrac{\pi}{5}\right)=-0.5878<\sin\dfrac{\pi}{7}=0.4339<$ $\sin\dfrac{2\pi}{7}=0.7818<\sin\dfrac{3\pi}{7}=0.9749$，在区间 $\left[-\dfrac{\pi}{2},\ \dfrac{\pi}{2}\right]$ 上，角越大，正弦函数值越大.

3. $\cos\dfrac{\pi}{7}=0.9010>\cos\dfrac{\pi}{5}=0.8090>\cos\dfrac{2\pi}{7}=0.6235>\cos\dfrac{3\pi}{5}=$ $-0.3090>\cos\dfrac{5\pi}{7}=-0.6235$，在区间 $[0,\ \pi]$ 上，角越大，余弦函数值越小.

§5.3 三角函数基本公式

5.3.1 同角三角函数基本关系式

【基础训练】

一、选择题

1. C　2. D　3. C　4. C

二、填空题

5. $-\dfrac{\sqrt{3}}{2}$

6. $\dfrac{2}{13}$

三、解答题

7. 解：把 $\cos\alpha$ 代入 $\sin^2\alpha+\cos^2\alpha=1$，得 $\sin^2\alpha=\dfrac{9}{25}$，又因为 α 是第四象限的角，所以 $\sin\alpha=-\dfrac{3}{5}$，$\tan\alpha=\dfrac{\sin\alpha}{\cos\alpha}=-\dfrac{3}{4}$.

8. 解：由 $\tan\alpha=\dfrac{\sin\alpha}{\cos\alpha}=3$，得 $\sin\alpha=3\cos\alpha$，代入 $\sin^2\alpha+\cos^2\alpha=1$，得 $\cos\alpha=\dfrac{\sqrt{10}}{10}$，$\sin\alpha=\dfrac{3\sqrt{10}}{10}$ 或 $\cos\alpha=-\dfrac{\sqrt{10}}{10}$，$\sin\alpha=-\dfrac{3\sqrt{10}}{10}$.

【拓展训练】

解：方法一　原式 $=\dfrac{\tan^2\alpha-2\tan\alpha-1}{4-3\tan^2\alpha}=\dfrac{(\sqrt{5})^2-2\sqrt{5}-1}{4-3\times(\sqrt{5})^2}=\dfrac{2\sqrt{5}-4}{11}$.

方法二　由 $\tan\alpha=\dfrac{\sin\alpha}{\cos\alpha}=\sqrt{5}$，得 $\sin\alpha=\sqrt{5}\cos\alpha$，

$$原式 = \frac{(\sqrt{5}\cos\alpha)^2 - 2\sqrt{5}\cos\alpha\cos\alpha - \cos^2\alpha}{4\cos^2\alpha - 3\times(\sqrt{5}\cos\alpha)^2} = \frac{2\sqrt{5}-4}{11}.$$

5.3.2 诱导公式

【基础训练】

一、选择题

1. A　2. B　3. B　4. C

二、填空题

5. $1-\sqrt{3}$

6. $\dfrac{5\sqrt{3}+3\sqrt{2}}{6}$

三、解答题

7. 解：原式 $=\dfrac{-\sin\alpha\tan\alpha(-\tan\alpha)}{-\cos\alpha(-\tan\alpha)}=\tan^2\alpha$

8. 解：把 $\cos\alpha=\dfrac{4}{5}$ 代入 $\sin^2\alpha+\cos^2\alpha=1$，得 $\sin\alpha=\dfrac{3}{5}$（α 是第一象限的角），原式 $=\dfrac{2\sin\alpha-3\cos\alpha}{-4\sin\alpha+8\cos\alpha}=-\dfrac{3}{10}$.

【拓展训练】

1. 解：原式 $=\cos 1°+\cos 2°+\cos 3°+\cdots+\cos 90°+(-\cos 89°)+\cdots$
   $\qquad +(-\cos 2°)+(-\cos 1°)+\cos 180°$
   $\qquad =\cos 90°+\cos 180°=-1.$

2. 证明：左边 $=\dfrac{-\cos\alpha}{-\sin\alpha}+\dfrac{\cos\alpha(-\tan\alpha)}{-\cos\alpha}=\dfrac{\cos\alpha}{\sin\alpha}+\dfrac{\sin\alpha}{\cos\alpha}=\dfrac{1}{\sin\alpha\cos\alpha}=$ 右边，等式得证.

§5.4　正弦、余弦函数的图像和性质

5.4.1　正弦函数 $y=\sin x$ 的图像

【基础训练】

一、选择题

1. C　2. A　3. B　4. D

二、填空题

5. $T=2\pi$，$y_{max}=5$

6. **R**，$[-1,1]$

三、解答题

7. 略

8. 解：当 $x=\dfrac{\pi}{2}+2k\pi$，$k\in\mathbf{Z}$ 时，$y_{max}=1-2=-1$；

当 $x=-\dfrac{\pi}{2}+2k\pi$，$k\in\mathbf{Z}$，$y_{\min}=-1-2=-3$.

【拓展训练】

略

5.4.2　正弦函数 $y=\sin x$ 的性质

【基础训练】

一、选择题

1. B　2. B　3. A　4. B

二、填空题

5. $[-2,2]$

6. 2π

三、解答题

7. (1)$<$；(2)$>$；(3)$<$；(4)$>$

8. 解：(1)$T=2\pi$，

当 $x=-\dfrac{\pi}{2}+2k\pi$，$k\in\mathbf{Z}$ 时，$y_{\max}=-\dfrac{1}{2}\times(-1)=\dfrac{1}{2}$；

当 $x=\dfrac{\pi}{2}+2k\pi$，$k\in\mathbf{Z}$ 时，$y_{\min}=-\dfrac{1}{2}\times1=-\dfrac{1}{2}$.

(2)$T=2\pi$，当 $x=\dfrac{\pi}{2}+2k\pi$，$k\in\mathbf{Z}$ 时，$y_{\max}=2\times1-3=-1$；

当 $x=-\dfrac{\pi}{2}+2k\pi$，$k\in\mathbf{Z}$ 时，$y_{\min}=2\times(-1)-3=-5$.

【拓展训练】

解：由 $2k\pi\leqslant4x\leqslant\pi+2k\pi$，$k\in\mathbf{Z}$ 得 $\dfrac{k\pi}{2}\leqslant x\leqslant\dfrac{\pi}{4}+\dfrac{k\pi}{2}$，$k\in\mathbf{Z}$，

函数的定义域为 $\left\{x\left|\dfrac{k\pi}{2}\leqslant x\leqslant\dfrac{\pi}{4}+\dfrac{k\pi}{2}\right.，k\in\mathbf{Z}\right\}$.

5.4.3　余弦函数 $y=\cos x$ 的图像

【基础训练】

一、选择题

1. D　2. B　3. C　4. B

二、填空题

5. y 轴

6. $\mathbf{R}$

三、解答题

7. 略

8. 略

【拓展训练】

略

5.4.4 余弦函数 $y = \cos x$ 的性质

【基础训练】

一、选择题

1. B   2. B   3. C   4. B

二、填空题

5. $\left[-\dfrac{1}{2}, \dfrac{1}{2} \right]$

6. 2π

三、解答题

7. (1) $<$；(2) $>$；(3) $>$；(4) $>$

8. 解：(1) $T = 2\pi$，

当 $x = 2k\pi$，$k \in \mathbf{Z}$ 时，$y_{\max} = 2$；

当 $x = (2k+1)\pi$，$k \in \mathbf{Z}$ 时，$y_{\min} = -2$.

(2) $T = 2\pi$，

当 $x = (2k+1)\pi$，$k \in \mathbf{Z}$ 时，$y_{\max} = -2 \times (-1) + 2 = 4$；

当 $x = 2k\pi$，$k \in \mathbf{Z}$ 时，$y_{\min} = -2 \times 1 + 2 = 0$.

【拓展训练】

1. 解：由 $\cos x + 1 \neq 0$，得 $\cos x \neq -1$，定义域为 $\{x \mid x \neq (2k+1)\pi, k \in \mathbf{Z}\}$

2. 解：由已知得 $\begin{cases} a + b \times (-1) = \dfrac{3}{2}, \\ a + b \times 1 = -\dfrac{1}{2}, \end{cases}$ 解得 $\begin{cases} a = \dfrac{1}{2}, \\ b = -1 \end{cases}$

§5.5 已知三角函数值求指定范围的角

5.5.1 已知特殊角三角函数值求角

【基础训练】

一、选择题

1. B   2. A   3. C   4. D

二、填空题

5. $\dfrac{\pi}{3}$ 或 $\dfrac{5\pi}{3}$

6. $\dfrac{5\pi}{6}$ 或 $\dfrac{11\pi}{6}$

三、解答题

7. $x = 45°$ 或 $x = 135°$

8. $x=\dfrac{\pi}{4}$ 或 $x=\dfrac{5\pi}{4}$

【拓展训练】

解：$\cos x=\dfrac{1}{2}$，$x\in\left[0,2\pi\right]$，$x=\dfrac{\pi}{3}$ 或 $x=\dfrac{5\pi}{3}$，满足条件的 x 的集合为 $\left\{x\left|x=\dfrac{\pi}{3}\ 或\ x=\dfrac{5\pi}{3}\right.\right\}$.

5.5.2 已知任意角三角函数值求角

【基础训练】

(1)$\alpha=-0.340$；(2)$\alpha=136.137°$ 或 $\alpha=223.863°$；(3)$\beta=0.644$；

(4)$\beta=1.783$；(5)$\gamma=-27.384°$；(6)$\gamma=2.588$

第 5 章综合练习

一、选择题

1. D 2. C 3. D 4. D

二、填空题

5. $\sin\alpha$

6. -3

7. 2π，1，5

三、解答题

8. 解：$x=-1$，$y=3$，$r=\sqrt{x^2+y^2}=\sqrt{10}$，

$\sin\alpha=\dfrac{y}{r}=\dfrac{3\sqrt{10}}{10}$，$\cos\alpha=\dfrac{x}{r}=-\dfrac{\sqrt{10}}{10}$，$\tan\alpha=\dfrac{y}{x}=-3$.

9. 解：$\sin\alpha=\dfrac{12}{13}$，$\alpha\in\left[0,\dfrac{\pi}{2}\right]$，$\cos\alpha=\sqrt{1-\sin^2\alpha}=\dfrac{5}{13}$.

$\cos(\pi+\alpha)=-\cos\alpha=-\dfrac{5}{13}$，$\tan(\pi-\alpha)=-\tan\alpha=-\dfrac{\sin\alpha}{\cos\alpha}=-\dfrac{12}{5}$.

10. 解：(1)略；(2)当 $x=\dfrac{3\pi}{2}$ 时，$y_{\max}=3$；当 $x=\dfrac{\pi}{2}$ 时，$y_{\min}=-3$；

(3)增区间：$\left[\dfrac{\pi}{2},\dfrac{3\pi}{2}\right]$，减区间：$\left[\cup,\dfrac{\pi}{2}\right]$，$\left[\dfrac{3\pi}{2},2\pi\right]$

第 5 章检测题

一、选择题

1. D 2. B 3. C 4. B 5. D

二、填空题

6. $\dfrac{4}{5}$

7. 1

8. 3

三、解答题

9. 解：原式 $=0-3+3+1-\dfrac{1}{4}+1=\dfrac{7}{4}$.

10. 解：已知 $\sin \alpha=-\dfrac{3}{5}$，且 $\alpha\in\left[\dfrac{3\pi}{2},\ 2\pi\right]$，

所以 $\cos \alpha=\sqrt{1-\sin^2\alpha}=\dfrac{4}{5}$，$\tan \alpha=\dfrac{\sin \alpha}{\cos \alpha}=\dfrac{-\dfrac{3}{5}}{\dfrac{4}{5}}=-\dfrac{3}{4}$.

11. 解：由 $0°<x<180°$，得 $0°<2x<360°$，又 $\cos 2x=-\dfrac{1}{2}$，

则 $2x=120°$ 或 $2x=240°$，得 $x=60°$ 或 $x=120°$，所以 x 的值为 $60°$ 或 $120°$.

12. 略

期末测试题(A 组)

一、选择题

1. A 2. D 3. C 4. D 5. B 6. C 7. B 8. B 9. B 10. C

二、填空题

11. $(-\infty,\ -3)\cup[3,\ +\infty)$

12. $(-\infty,\ -5]\cup[1,\ +\infty)$

13. $\mathbf{R}$，$\left[-\dfrac{1}{4},\ +\infty\right)$

14. 原点，y 轴

15. $\left[\dfrac{\pi}{2},\ \dfrac{3\pi}{2}\right]$

三、解答题

16. 解：原式 $=\dfrac{1}{2}-1+\dfrac{4}{3}\times\dfrac{3}{4}+\dfrac{1}{4}+(-1)=-\dfrac{1}{4}$

17. 解：原式 $=\lg 3^{\frac{3}{2}}+\lg 2^3-\lg 10^{\frac{3}{2}}-\lg 1.2^{\frac{3}{2}}$

$=\lg 3^{\frac{3}{2}}+\lg 2^3-\lg(10\times 1.2)^{\frac{3}{2}}$

$=\lg 3^{\frac{3}{2}}+\lg 2^3-\lg 12^{\frac{3}{2}}=\lg\left(\dfrac{3}{12}\right)^{\frac{3}{2}}+\lg 2^3$

$=\lg\left(\dfrac{1}{4}\right)^{\frac{3}{2}}+\lg 2^3=\lg 2^{-3}+\lg 2^3=\lg 1=0$

18. $>$

19. $(-2,\ -1]\cup[3,\ 4)$

20. 图像如下：

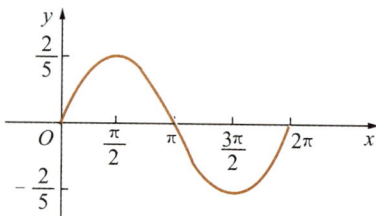

21. $a = \sqrt{5}$

22. 解：$y = \log_2 x - 3$，当 $x \in [16，64]$ 时是增函数，所以奖金数不会超过 $\log_2 64 - 3 = 3$（万元），奖金数不会少于 $\log_2 16 - 3 = 1$（万元）.

期末测试题(B 组)

一、选择题

1. B 2. C 3. B 4. B 5. D 6. B 7. C 8. C 9. A 10. C

二、填空题

11. $(-\infty，-3)$

12. $(-1，5)$

13. $\left(\dfrac{1}{2}，+\infty \right)$，**R**

14. 减

15. $[2k\pi + \pi，2k\pi + 2\pi]$，$k \in \mathbf{Z}$

三、解答题

16. 解：原式 $= \log_4 4^{\frac{3}{2}} - \log_{\frac{1}{9}} \left(\dfrac{1}{9} \right)^{-\frac{1}{2}} - \lg_{\sqrt{2}} (\sqrt{2})^4 = \dfrac{3}{2} + \dfrac{1}{2} - 4 = -2.$

17. 解：原式 $= \dfrac{3}{2} - 1 - \dfrac{4}{9} + 100 = 100\dfrac{1}{18}.$

18. $<$

19. $(-\infty，-2) \cup [6，+\infty)$

20. 图像如下：

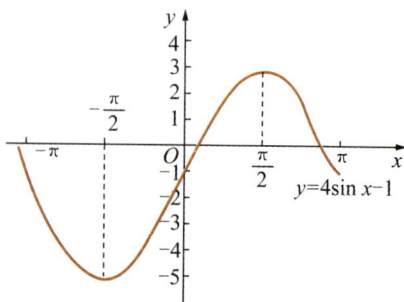

$y = 4\sin x - 1$

21. $\dfrac{1}{25}$

22. 解：设提高 x 个档次，y(元)为每天利润，则

$y=(60-3x)(8+2x)=-6x^2+96x+480=-6(x-8)^2+864(1\leqslant x\leqslant 9,$

$x\in \mathbf{N})$

当 $x=8$，即提高 8 个档次，生产第 9 个档次时的产品获利最大.